U0940098

『一带一路』民间文化探源工程

邱运华　总主编

大风起兮云飞扬

——苏北汉文化调研文集

刘照建　主编

學苑出版社

图书在版编目（CIP）数据

大风起兮云飞扬：苏北汉文化调研文集 / 刘照建主编. -- 北京：学苑出版社，2018.12

ISBN 978-7-5077-5628-9

Ⅰ. ①大… Ⅱ. ①刘… Ⅲ. ①民间文化－文化研究－苏北地区－文集 Ⅳ. ①G127.53-53

中国版本图书馆CIP数据核字（2018）第293860号

出 版 人： 孟　白
责任编辑： 杨　雷　陈柯宇
印制总监： 张　翔
出版发行： 学苑出版社
社　　址： 北京市丰台区南方庄2号院1号楼
邮政编码： 100079
网　　址： www.book001.com
电子信箱： xueyuanpress@163.com
联系电话： 010-67601101（销售部）、010-67603091（总编室）
印 刷 厂： 北京建宏印刷有限公司
开本尺寸： 880×1230　1/32
印　　张： 9.25
字　　数： 200千字
版　　次： 2019年1月第1版
印　　次： 2019年1月第1次印刷
定　　价： 60.00元

“一带一路”民间文化探源工程编委会

序

开通大道，走向世界

“一带一路”这个新鲜词汇在新世纪最初几年开始发出耀眼的光芒，成了中国式发展道路“世界不同民族和不同国家文明互通互鉴”理念的代名词。“丝绸之路”——德国地理学家李希霍芬在地理学著作里不经意提出的术语，获得了从未有过的崇高荣誉。尽管中国学术界对李希霍芬本人并不太在意这个术语感到失望，不过，在我看来，李希霍芬的关注重点无疑更有历史意义和学术价值。李希霍芬是自然地理学家，他总体来说不太注重人文和社会地理因素而偏重于自然地理，但这一学术倾向并不妨碍他在《中国》（1877年第一卷）一书中叙述大量的人文和社会元素与自然地理之间的关系。他把《汉书》、马里努斯、托勒密简要点及的中亚大道，把贯穿中国新疆、中亚、西亚阿拉伯世界腹地的道路，用“丝绸之路”这一术语表达出来，尽管他更多地使用“交通”“道路”这样的术语，而不是诗意性的“丝绸”，甚至“丝绸贸易”这样的术语。现在想来，李希霍芬之看重“交通”“道路”，未必离开得了人与社会。我以为，“交通”和“道路”更为精确地表达出地理学家李希霍芬的真实意图。

“丝绸之路”在本质上是古代中国走向西部世界的一条通衢大道。然而，这样性质的大道不仅仅有西部一条。

古代中国走向世界的道路有多个方向，其中最艰难、神秘莫测的，应该是横贯塔克拉玛干沙漠，穿越葱岭，走向古安息国，到达土耳其，直至罗马的大道。据专家描述，这条道路分为东、中、西三段。东段早期由长安抵达武威，分为北线、南线和中线，南北中三线会合后，由张掖经酒泉、瓜州至敦煌，而后，中段由敦煌至葱岭（今帕米尔）或怛罗斯（今江布尔）。自玉门关、阳关出西域有两道：从鄯善，傍南山北，循河西行，至莎车为南道，南道西逾葱岭则出大月氏、安息。自车师前王庭（今吐鲁番），随北山，循河西行至疏勒（今喀什）为北道。北道西逾葱岭则出大宛、康居、奄蔡（黑海、咸海间）。北道上有两条重要岔道：一是由焉耆西南行，穿塔克拉玛干沙漠至南道的于阗；一是从龟兹（今库车）西行过姑墨（阿克苏）、温宿（乌什），翻拔达岭（别垒里山口），经赤谷城（乌孙首府），西行至怛罗斯。由于南北两道穿行在白龙堆、哈拉顺和塔克拉玛干大沙漠，条件恶劣，道路艰难。东汉时在北道之北另开一道，隋唐时成为一条重要通道，称新北道。原来的汉北道改称中道。新北道由敦煌西北行，经伊吾（哈密）、蒲类海（今巴里坤湖）、北庭（吉木萨尔）、轮台（半泉）、弓月城（霍城）、碎叶（托克玛克）至怛罗斯。西段则自葱岭（或怛罗斯）至罗马。

丝路西段涉及范围较广，包括中亚、南亚、西亚和欧洲，历史上的国家众多，民族关系复杂，因而路线常有变化，大体可分为南、中、北三道：一条是南道，由葱岭西行，越兴都库什山至阿富汗喀布尔后分两路，一西行至赫拉特，与经兰氏城而来的中道相会，再西行穿巴格达、大马士革，抵地中海东岸西顿或贝鲁特，由海路转至罗马；另一线从白沙瓦南下抵南亚。另一条是中道（汉北道），越葱岭至兰氏城西北行，一条与南道会合，一条过德黑兰与南道会合。还有一条是北新道，也分两支，一经钹汗（今费尔干纳）、康（今撒马尔罕）、安（今布哈拉）至木鹿与中道会合西行；一经怛罗斯，沿锡尔河西北行，绕过咸海、里海北岸，至亚速海东岸的塔那，由水路转刻赤，抵君士坦丁堡（今伊斯坦布尔）。汉代张骞凿空之举开辟的大道是自长安到敦煌的道路。

必须指出，这一条道路绝对不是“凿空之举”之后方才踏出的道路，它在被命名之前具有漫长的“史前史”。1978年11月，阿富汗和苏联学者组建的考古组在西巴尔干（Siberkand）“黄金之丘”发掘古墓七座，其中三号墓出土了一柄汉代中国铜镜，并附有铭文。著名历史学家李学勤先生名之为“汉镜铭文”。李学勤先生训其铭文为：“君忘忘而失志兮，忧使心臾（瘐）者，臾（瘐）不可尽行。心汙（閼）结而独愁，明知非，不可久处，志所驩（欢），不能已之。”多优美的诗句！由此，关于汉代文化远赴阿富汗等中亚地区的状况，可以有丰富想象的余地。正如玉文化研究者叶舒宪教授所畅想的：“近年来，中国学界根据境内大量考古发现，提出纠正丝路说西方话语的中国命题‘玉石之路’。认为从新疆出产和田玉的南疆一带到中原王朝之间，存在一条贯穿文明史全程的西玉东输路线，其存在的历史要比李希霍芬构想的西汉以来的丝绸之路早一倍。”他通过考察得出结论：在新疆甚至更为遥远的地区，与关中地带、沿黄河流域并行，通往中国内地，存在着九条路线，西域玉石传入内地的漫长历史，通过这些道路而可行。因而，我理解，在相当程度上，当李希霍芬不经意把这条道路称作“丝绸之路”时，与叶舒宪教授名之曰“玉石之路”具有同样性质：即他们一举突破了单纯的交通性质，而拥有了人文性质。

中华民族祖先血液里留存着探险冒险的基因，他们走向国外未知领域的勇气巨大无边。不仅在西部的戈壁、沙漠阻挡不了他们向外的雄心，北部的无边草原、沙漠和森林也不能阻挡他们，张库大道从张家口经由包头可以直达乌兰巴托（旧称“库伦”），有人认为：张库大道作为贸易之途，大约在汉代已经开始；出现茶的贸易，大约不晚于宋元时代。东北部从辽宁省和吉林省之交的腹地，从开原往东，明代设有辽东镇25卫，皆设置有交通驿站，沿着驿路，每15～30千米建有一座驿站、递运所、铺、亭、路台等，形成交通传递系统。东北亚所谓“丝绸之路”，并不像通往西域的丝绸之路那样，沿途扬起阵阵烟尘，来来往往的中西商贾带着满载着货物的驼队、马帮，构成一幅十分壮观的瀚海行旅图而是通过设关互市、贡赏等形式，把明朝内地的彩缎等物运往东北边陲，在各民族间进行交易。古代东北亚各族人民正是靠这条交通要道，把内地的丝绸、茶叶等运往东北亚地区，把古老的长江、黄河流域文化与东北亚文化联系起来，使这一地区在明代显得生机盎然。2017年，中国民间文艺家协会组织了一批专家沿着这条道路一直走到黑龙江与乌苏里江交汇口，进行了一次系统的民间文艺考察调研活动。

西北和东北的道路仅仅是古代中国走向世界各地的一部分，在西南部和南部还有多条通向域外的交通道路。例如商业化程度很高的“茶马古道”。有若干条“茶马古道”从中国西南各地通向东南亚和南亚，而在西藏边陲的阿里地区，在古格王朝所在地，古代唐卡就是用丝绸绘就的，中国民间文艺家协会唐卡调查组在阿里地区山里的科迦寺发现一幅传统唐卡，背面边沿有“浙江杭州织局益昌”的字样，另有一幅唐卡有中国内地吉祥童子图案。可以想见，自古以来，中国内地商贸、文化与西部边陲之地的长久交往。

在通往世界的道路中，特别应该提出的是海上“丝绸之路”。当然，海上“丝绸之路”更是一个比喻。著名历史文化专家常任侠先生把先秦时期徐福的故事视为海上丝绸之路的最早起点之一，他在《海上丝路与文化交流》里，叙述了中国王朝通过海上丝路与古日本、古印度、东南亚诸国的物产、宗教、香料、珍禽奇兽、武术、舞蹈、饮食、装饰、文学、艺术等方面的相互交流；郑和七下西洋更是海上丝绸之路谈论的重点内容。2017年11月，中国学者与来自亚洲、非洲、欧洲等地的学者一起汇集科伦坡城，召开了“国际儒学论坛：科伦坡国际学术讨论会”，主题是“海上丝绸之路的历史交往与亚非欧文明互学互鉴”。会议上，埃塞俄比亚学者把中国与非洲的交往追溯到公元前2世纪的西汉时期，斯里兰卡卡凯拉尼亚大学学者阿玛勒赛格尔（Amarasakara）通过总结斯里兰卡境内有关中国的考古发现情况，如古都博隆纳鲁瓦山寺中国晋代高僧法显故居遗址、古代中国钱币、古代中国陶瓷瓷片等考古发现，证实了中国古代与斯里兰卡经贸、文化、宗教的交流情况。葡萄牙学者就关于葡萄牙最早地理大发现的《坎提诺世界地图》（Cantino Map）一书中斯里兰卡地名及相关注解，结合其他文献，对葡萄牙人进入斯里兰卡殖民历史做了回顾。澳门大学学者汤开建则就耶稣会士传入澳门的欧洲图书，结合16世纪末中国境内的第一座西式图书馆——圣保禄学院图书馆藏书的相关史料，详细考证了明清之际欧洲图书传入澳门的情况，认为中国大陆的西学东渐在很大程度上与此相关。

2017年是中国民间文学的“丝路文化年”。中国民间文艺家协会主持的“一带一路”民间文化探源工程，针对“一带一路”沿线民间文化资源进行系统梳理和选点研究，先后开展了福建海上丝绸之路重要节点代表性民间文化考察活动；以冼夫人传说为核心议题对南海（广东茂名博贺）开渔节以及海上丝绸之路与岭南文化进行了调查研讨；围绕“阿凡提类型故事”主题展开了新疆民间民族文化调研；“重拾黑水魂——黑龙江丝绸之路”沿着明朝亦失哈将军走过的水路梳理了“鹰路”文化历史脉络；召开了探索“丝绸之源”的嫘祖文化调研座谈会；展开了贵州“南方丝绸之路与夜郎古国”民间文化生态考察调研等活动。这个系列民间文化探源，力求立足当代、关照历史、面向未来，致力于通过新经验、新启示、新方法、新途径来提振民族文化、地域文化的精气神，得到专家学者以及所在地民间文艺工作者的高度认同与积极配合。上述调研成果及今后开展的系列考察活动成果，都将以调研文集形式陆续出版。

鲁迅先生有句名言："世上本无路，走的人多了，便成了路。"这句话反过来说更具当下价值：世上原有的路，若是没有人走，便无所谓路了。中国古人踏出了迈向世界各地的通衢大道，在上下几千年的历史长河中，为中外商贾、政治家和平民百姓常来常往，成为政治、经济、文化、宗教等交换、交流、交往的大道。古人常把"道路""大道"哲学式理解为通向真理的路径。而我们当代人自谓"世界公民"，切莫冷落了这一"大道"，使之荒漠了；自中国通往世界各地的大道，中国人要继续走下去，也欢迎世界各地的人们继续走进来。在这个意义上，重拾"一带一路"上的民间文艺，重温"一带一路"上世界各地民间文化交流交往历史，具有重大的现实意义。

是为序。

邱运华

2018 年 4 月 13 日于北京万芳园

前　言

接待中国民协丝绸之路与汉文化调研专家组，是一件令人愉快而兴奋的事情。作为汉文化的发祥地、丝路文化重要交汇点的徐州，十分盼望这次文化的梳理和历史的回眸。

回首2000多年前，在徐州生活了37年的刘邦，斩蛇起义，与项羽联手推翻秦暴政，又经四年楚汉战争，一统江山，创立大汉王朝，开创了中国文化的新纪元。他将楚文化的浪漫与中原文化理性结合，奠定了中华文化的大汉基因。至今，汉文化仍是中华优秀传统文化中最有核心价值的部分。这是一种洋溢着创造激情、蓬勃向上、积极进取、刚强雄健、富有精神活力的文化。到汉武帝刘彻，继续以这种文化精神开创了铭记史册的“丝绸之路”。

这是中国人第一次打开国门，走向广阔的世界舞台，平等而友好地与丝路沿线国家对话，传播中国价值观，与各个国家文化交融交汇，探索建立“人类命运共同体”。

2016年12月，在北京参加中国文联第十次代表大会，亲耳聆听总书记在会议上的讲话，清晰记得当时心潮的涌动。总书记那殷切的希望犹在耳边，“实现中华民族伟大复兴，首先要靠文化的复兴，要把中国价值观传播到世界，得到世界的认可和尊重。传播中国声音，讲好中国故事。”那时才进一步理解了“一带一路”的伟大意义，它标志着中华民族的伟大复兴从构建新的“丝绸之路”做起。

梳理徐州汉文化与“丝绸之路”，可以研究的线索特别多：

1.解忧公主西域和亲。汉宣帝年间，楚王刘戊的孙女刘解忧从徐州远嫁到乌孙国，辅佐三代国王。一个弱女子，维持了汉乌50多年的友好和平。

2.中国第一座佛寺建于徐州（这在中国佛教史上有记载）。楚王刘英封地徐州，他虔诚佛教，兴建的华龙寺，比白马寺早。他影响汉明帝信佛，推动了佛教东传。

3.汉画像石中众多的西域图像。如胡汉战争、胡人形象、西域风格建筑等等。

4.生活方面，徐州人喝了几千年的辣汤，所用胡椒就是西域文化传入的见证。徐州的柳琴戏，原来叫拉魂腔，其使用的演奏乐器柳琴与莫高窟中的反弹琵琶相似。

关于讲好中国故事，传播中国声音，阐释中国价值观，徐州可以代表中国故事的元素也特别多。如徐州是中原思想的发源地之一，春秋战国时期，孔子、孟子、老子、庄子、墨子等先哲多生活在徐州方圆100公里以内。《礼记》记载，孔子五次拜见老子，二次于沛。《庄子》一书记载，老子出生于沛。徐州汉画像石图案中有关孔子拜见老子的内容有数十幅之多。

我曾接待意大利阿丽亚娜市市长，谈到对中国文化的了解，30岁的年轻市长说知道老子和孔子。知道他们什么呢？市长说，学习老子，理解人与自然的和谐相处是一种美妙；学习孔子，知道人要了解自己。我到不同地方去旅游，就是发现不同的我。当时，我就想到了季羡林先生的文章《21世纪是中华文化的世纪》。这足以表明，中华文化的价值是有普世性的。

去年，国务院批复徐州未来发展的城市规划，徐州被定位为国家历史文化名城，“一带一路”重要节点城市，淮海经济区中心城市。徐州将在经济、贸易、金融、科技文化方面成为淮海经济区近20个城市、两亿人口的中心城市。习近平总书记2017年12月12日～13日来徐州考察，对徐州发展提出新要求。这些都为徐州文化界提出了紧迫的命题：如何在新时代推进文化大发展，如何成为淮海经济区文化中心。梳理徐州的文化之根、找准自己的文化定位，明确未来的发展方向，尤为重要。

感谢中国民协专家组一行，他们的科学精神和田野工作经验给了我们极大的感染和启发。我想，通过这一次实实在在的对徐州及周边地区详尽而科学的民间文化考察，必将对徐州文化的发展产生巨大的推动作用，对徐州文化定位提供更加广阔的思考空间。这次文化探源之旅是徐州今后文化发展思考中重要的参照，也是专家们留给徐州文化的一笔精神财富。

王雪春（徐州市文联党组书记、主席）

2018年6月8日

目　录

探源研究

保护利用

传承发展

探源研究

汉文化及其历史贡献

赵明奇[1]

近年来，淮海地区历史文化研究如雨后春笋般骤然增加。但是，谈共性的多，谈一般的多，具体研究特定地理单元，例如苏北文化个案这样的项目相对比较少。在文化全球化的世界背景下，在建设江苏文化强省的现实背景下，从学术层面上，就江苏汉文化特色资源的形成、特征、历史贡献、现代价值做一些研究，在理论和应用上都是很有意义的。

一、汉文化的起源

汉文化的形成，不是孤立存在的。它的形成是在时空因素下多元组合、交融、衍生出的一种具有强大生命活力的文化。追溯这个历史过程，分析这些环境因素，有利于我们清楚地认识汉文化的历史地位。

---

[1]　赵明奇，江苏师范大学文学院教授。

（一）形成汉文化的地理因素

俗话说：一方水土养一方人。以徐州为中心的淮海地区在先秦、秦汉之所以能逐步形成汉文化，自有其特殊的“风水”，即特殊的地理环境。《尚书·禹贡·徐州》的记载至少说明了三个问题：

其一，上古时期，生活在淮海地区的人民在大禹的率领下，以不畏艰难的精神，以人的力量战胜了自然灾害，获得了良好的生产和生活环境。

其二，那个时期，这里土地肥沃、植被丰厚，农副产品出产丰富，进贡的祭品、食品、日用品和服饰原料等都很丰饶。

其三，那个时期，这里的水上交通很发达，可以直通河洛关中。《尚书·禹贡》还记载扬州的贡品“沿于江海，达于淮泗”说明长江中下游地区的物资也是从这里转途的。后来，秦始皇东巡，北上泰山封禅，南下会稽祭大禹陵，都是从这里分向转道。

据考证，彭城历史上曾经有四次作为诸侯国的政权中心所在地。它们分别是夏商时期大彭氏国的国都；战国末期宋国的陪都；西楚政权时期的王都和两汉时期的王都。中国古代都城的选址很讲究地理条件。彭城居淮海区域之中，依山傍水，交通便利，被诸侯王选为国都并非偶然因素。

彭城“东襟淮海，西接中原，南屏江淮，北扼齐鲁”，城邑环山绕河，进可攻、退可守，自古就是兵家必争之地。在文献史料中，涉及徐州、彭城字眼的战事，竹简帛书白纸黑字言之凿凿者就有260余起，可见其在军事地理上的区位优势。

彭城北距邹鲁儒家思想发源地约150千米，西南去苦县（今河南省鹿邑县）老子家乡亦150千米左右，二位先哲曾多次在彭城西北40千米处的“沛泽”相会，交流思想，切磋观点。可见彭城是淮海地区，乃至全国的一个文化中心。

正是因为彭城的周围有发达的经济支撑，有四通八达的交通便利，所以它具备了成为政治、军事、文化中心的优势，为承前启后的汉文化之诞生提供了历史舞台。

（二）形成汉文化的历史因素

上古之世，泰山之南“众水归淮”，地处黄河、长江两大流域之间的淮河流域是南北两大文化体系融会的洞房，也是新文化诞生的摇篮。如果说上古先秦黄河文化之母与长江文化之父的连理，产生了日后的汉朝文化，乃至汉族文化，那么作为汉朝文化先声出现于淮海大地的江苏北部区域文化，则是本土的彭祖文化、徐夷文化与南北体系的齐鲁、中原、楚、吴越文化交融衍生而来的。尽管这种特定时期特定地理单元的区域文化随着全民族文化的发展，从名义上有些淡化，但它的精神仍然是中国人文思想的瑰宝，我们有必要认识它形成的历史因素。

1.本土文化的哺育

上古先秦淮海地区存在着无数个方国，而其中心地区则主要是大彭氏国和徐国（徐夷）的封地。这两个封国在当时都属于强盛、发达的地区，正是由于它们的存在与发展铸就了汉文化的基础。

大彭氏国的始祖人称彭祖，是黄帝的后裔。据《徐州志》记载，铜山县义安山（距今徐州城区12.5千米，又名大彭山）下有“大彭村”，又曰“大彭集”，大彭氏国故地；徐州城就叫“彭城”，这与大彭氏国的历史存在有直接的关系。

从古到今，彭祖一直被人们尊奉为长寿之星，传说他活了八百岁。屈原、庄子、荀子、刘向等，许多历史著作中都有关于彭祖长寿故事的记载。道家方士还尊崇彭祖为神，附会之说更是纷纭不绝，以至在中国历史上形成了彭祖文化现象。彭祖文化可以说是由彭祖开创，经其后学、崇拜者、研究者不断发展、丰富、完善的具有华夏传统特色的养生文化，是人体生命科学的一支应用学科，在烹饪、导引（气功）和房术方面有所建树。上古先秦之时，世界性的洪水大泛滥过后，中原及黄淮地区仍没有逃脱水患的威胁。再加上战争掠夺、疫疾流行等其他不利因素，彭祖时代的生存条件是非常艰苦困难的。历史古籍记述彭祖“寿高八百”未必尽信，然春秋时代活了八十多岁的蹇叔并未以长寿著称，而独有彭祖被奉为长寿楷模，说明彭祖长寿是确实的，他战胜恶劣的环境，创造生活的技艺是十分可贵的。

大彭氏国虽然消亡了，但彭族人由于其顽强的生存能力继续繁衍下去，广泛地分布在全国各地，诸如彭蠡（鄱阳湖）、彭山、彭水、彭原、彭池、彭溪、彭泽等都与彭祖文化有关，徐州城市历代建有彭祖井、彭祖宅、彭祖祠、彭祖墓，也说明后人永远怀念这位大彭氏国的创始人。中国厨师行业尊彭祖为烹饪鼻祖，更说明彭祖文化之不朽。

上古先秦时期生活在淮海中心地区的另一个部族或封国：徐，徐州的得名即源于此。它的历史存在也和汉文化的产生直接相关。早在6000年前，徐族人就在这里繁衍生息，创造出先进的本土的原始文化。时至周代，雄踞一方的诸侯徐国兴盛起来，统辖淮、泗流域“地方五百里”，臣属“三十有六国”。徐国首领徐偃王不满周穆王“西巡狩，乐而忘归”。穆王命南邻强楚伐徐，夹击徐国。徐偃王“不忍斗其人，故致于败”。他率民北走，至彭城武原县东山下，追随的百姓子民仍以“万数”。从20世纪以来，淮海地区和江西、浙江等地出土的大量“徐器”来看，其工艺之先进无论是在外观上，还是内在质量上都超过当时吴、越的水平。齐人伐徐时，徐能“赂以甲父之鼎”为求和退变之计，可见徐产青铜器在当时的名贵。从传世和出土的青铜器铭文、《诗经》《左传》《史记》等文献乃至掺揉着神话成分的传说中，可以知道徐国有过显赫的历史，创造过璀璨的古代文化，在古老的中国文化体系中，应属于源头之水的一部分。江苏师范大学罗其湘教授研究徐福东渡，得出日本家族有徐族后裔的结论，日本学者饭野孝宥亦认为如此。还有一些研究太平洋文化的学者认为，中国东部沿海地区是太平洋文化的发祥地，美洲的母体文化奥尔梅克文化即是由徐人迁徙带去，新生衍化而来。

大彭国和徐国从名义上都消失了，但彭祖文化与徐文化对本土的影响是一直存在的，他们勤劳智慧、勇敢奋进，不屈不挠的精神滋润了淮海大地，哺育了淮海儿女，为汉文化的诞生播下了种子。

2.黄河文化的培养

淮海中心地区上古先秦之世北界邹鲁，西接梁宋。邹、鲁、梁、宋均属黄河文化体系，在长期的交往中，黄河文化对汉文化的形成亦有孕育之功。

泗水发源于山东蒙山，是上古先秦南北交通的重要通道，齐鲁文化的南传亦主要沿泗水而下。泗水经古沛县（今沛县城东）、留城（今已沉入微山湖）到彭城，又折向东南流，经吕梁（今铜山区吕梁乡）、下邳（今睢宁县古邳镇）合沂、沭二水，汇入淮河。

据《庄子》记载，孔子曾多次“南之沛、见老聃”，与道家的创始人老子探讨人与自然的关系和各种社会现象的认识，构造中国历史人文意识的基础。《庄子》还记载孔子在吕梁洪观瀑，教育学生的事迹。吕梁洪至今仍有“悬水村”“晒书山”“圣人窝”等地名存在。明人秦凤山认为《论语·子罕篇》中的“子在川上曰：逝者如斯夫，不舍昼夜”，就发生在吕梁洪，于是建了“川上书院”。吕梁工部分司员外郎张镗还建了“孔子观道亭”，以纪念孔子。此外，亚圣孟子在宋都彭城会见滕子，首次提出性善论，也具有相当可信的事实作基础。由此可见，齐鲁文化对淮海中心地区的影响是深刻而久远的。难怪唐代杜佑在《通典》中说：“徐方，邹、鲁旧国。汉兴，犹有儒风。”

中原地区的黄河文化对淮海中心地区的影响也是巨大的，甚至三秦、巴蜀的文化也是通过中原而影响此地的。零碎的固且不谈，但从肇兴龙飞帝业的刘氏家族从中原地区迁居丰沛，就足见这种历史影响了。

刘向《高祖颂》曰："汉帝本系，出自唐帝。降及于周，在秦作刘。涉魏而东，遂为丰公。"说明刘姓自尧得姓，夏代有刘累率族徙居河南；周代又有刘氏居于今河南洛阳一带。到春秋战国时期，晋国大夫士会的后裔留居于秦，恢复祖姓为刘，其后迁居河南开封，再东迁至丰沛。汉高祖在草创天下的过程中，谋略所出多源于功利，这和三秦人的民风习俗是相近的。黄河文化多经获水、汴水从淮海中心地区南传，这种长期的染化不能不说是对本土文化的一种培养。

3.长江文化的补益

先秦之世，淮海中心地区彭城周围先后被宋、齐、吴占领，但最终还是被沿江而下，吞并吴越，又乘胜北上的楚国兼并。楚国原本是长江中游的一个子爵小国，前573年，晋楚之争，楚虽败北，但对彭城拥有极强的占有欲望。从前700年起至前447年，楚先后灭申、萧、梁等40多个小国，疆土已为春秋列国之首。战国后期，宋国统治者腐朽无能，前286年被齐国消灭。齐灭宋，触怒了其他诸侯的利益。于前284年，诸侯推秦为盟主合纵伐齐，齐几乎灭亡。楚从胜利果实中分得彭城、沛，终于圆了300年前的宿望。彭城属楚这一段时间从宏观上来看并不长，至前223年秦灭楚，60余年，但其影响在彭城以及西楚地区是非常深的。究其原因，主要有两点：

其一，楚国先祖与大彭氏国始祖同为陆终氏之后。陆终三子彭祖是季连的哥哥，季连是楚人先祖。因此，在宗亲血脉意识特别浓重的上古时代，这种血缘与地缘上的感情融和，有很强烈的必然性。

其二，楚国文化的先进发达与通俗易懂，不难被广大民众接受。彭城地处洙、泗以下，受孔孟熏陶、承邹鲁遗泽，有天时地利之便。但孔孟之学博大精深，含蓄玄奥，有闻后“三月不知肉味”的底蕴，这种阳春白雪，很难被一般民众体会。而楚风淳厚，楚俗朴直，楚辞口语化，一旦被民众接受，便很容易普及开来。出生于丰沛的汉高祖刘邦与家乡在下相（今江苏宿迁市）的项羽同说楚语，同唱楚歌，便是证明。刘邦《大风歌》、项羽《垓下歌》中多用助词“兮”字，与屈原楚辞如出一辙，可见楚文化对彭城及其周围地区的深远影响。

二、汉文化的形成与特征

在本土文化的哺育下，在黄河、长江南北文化的影响下，在中国历史的大转折关头，汉文化以其丰富的内涵和鲜明的特征在淮海大地应运而生。它的初期代表人物是刘邦和项羽及其主要追随者。这一批英雄人物亦文亦武，传承了文明的历史、创造了崭新的社会、发展了中华文化。

刘邦生长在彭城西北约50千米的徐属丰县、沛县。项羽的家乡在彭城东南约100千米的宿迁。丰沛、宿迁在历史上大多数时间是属徐州管辖，至今在经济、文化上仍属于徐州城市的辐射范围。台湾徐州乡亲联谊会范围仍然是旧属徐州府八县，包括丰沛、宿迁。从楚汉彭城之战，项羽以少胜多，到十面埋伏打垮项羽主力；从张良吹箫楚歌四起，到霸王别姬，自刎乌江。这些斗争都是围绕西楚首都彭城进行的。在彭城及其周围地区许多杰出人物表现出来的军事艺术和政治智慧，给历史留下了永恒的思索。直到今天仍在使用的词汇，汉人、汉族、汉语、汉学之所以称“汉”，其语源就是因为中华民族发展史上有汉朝四百年灿烂辉煌。汉朝的宏伟基业是汉高祖刘邦率徐州一班文臣武将所开创，因此，龙的传人生生不息，龙的文化芬韵远扬，追溯求源，徐州地区是中华文化血脉长河的重要源头之一。

（一）汉族文化的形成

汉人是汉族人的简称。汉民族的形成由来久远。根据中国古代部族的分野，根据现代考古发现和学者们的多方论证，一般认为，汉民族是由上古三大民族集团：华夏集团、东夷集团、苗蛮集团，始则相互角逐，继则和睦相处，终则融合同化而成。秦王朝建立，周边地区曾一度称之秦人，但秦朝短命，不成气候，历史影响并未形成。汉王朝是承大乱之后建立起来的，不仅在地理上大一统，而且在思想上也是大一统的王朝。经高祖时期创立，文景时期经营，武帝时期发扬，物质文明、精神文明都繁盛空前，“书同文，行同伦”“天下为一，万里同风”。在北和亲匈奴，南安抚百越，通使西域，开辟丝绸之路的过程中，汉人、汉族的称谓在形式上逐渐固定下来，流传下去。后来经过魏晋南北朝、五代十国、宋辽金元及清王朝，汉民族与其他兄弟民族一起仍在相互角逐，和睦相处，融合同化这一历史逻辑下互补互助，共同成长，从而形成了今天具有56个民族的中华大家庭。这其中，唐朝的兴旺，一度曾有取而代“汉”之势，终因“汉”字浸润深透、底蕴渊博、深入人心、声名久远而沿用下来。至今，许多外国人把中国语言称为“汉语”，把研究中国历史、文化称为“汉学”，中国文化称为“汉文化”，也能证明汉人是中国人的主体，汉族是中华民族的主干。从另一个侧面来看，汉王朝的历史影响经久不衰，魅力永存，也能证明出生在徐州的汉高祖一代人文有着崇高的历史地位。

（二）汉朝文化的形成

汉朝之所以称汉是因为刘邦被封“汉王”，称帝后沿用不改而来。汉朝于公元8年曾被外戚王莽篡位。公元25年，汉光武帝又重建汉朝。至公元后220年，曹丕称帝，东汉灭亡，共历24帝，统一天下400余年，是寿命最长的封建王朝。

“非刘氏莫王”的政治格局未免有家天下之嫌，然而，从区域文化影响角度而言，又何尝不是一次江苏区域文化的输出。汉王朝是真正意义上的民族融合的大熔炉。她以血缘、政治、经济和文化为纽带所形成的熊熊烈火，熔化黄河、长江两大南北区域文化的隔阂，消除中原与四夷人民心理素质和价值观念上的差异，重铸出以汉族为主体的中华民族。经过汉王朝四百多年的统理，不仅使疆域之内的背景各异的民众认同了汉族这个共同体，还对周边少数民族和兄弟国家产生了巨大的向心力。这一时期汉民族继承了她的前辈华夏族海纳百川的气度，形成了善于吸收、包容、融汇外来民族的民族特性，使龙的传人这个中华共同体越来越健康美丽。正是在这个意义上，我们可以说苏北大地是汉文化的发祥地。

通过汉朝文化、汉族文化的形成，我们可以看出经过历史长河的洗练，汉文化发展到今天已经不仅仅是狭义的江苏北部的区域文化，它有了更深厚的中华汉文化内涵，这就是以汉朝文化为基体，汉族文化为主体，汉字文化为载体的大文化体系。有三层相包容的意思：

第一层：核心层是汉朝文化。是总结百家学术吸收各种区域文化而形成的中华正统文化。上承华夏文明，下启中华大家庭之曙光，是中华文明的基体。

第二层：主体层是汉族文化。汉族是个气度恢宏，心胸开阔的伟大民族，汉族文化是由上古多民族文化多元组合，再经中古、近代多民族补充汇合而成的，在世界文明史上生命力最旺盛最持久的文化单元。

第三层：放射层是汉字文化。汉字是世界上最古老的文字之一，是中华文明的载体。古埃及文字、古苏美尔文字、古巴比伦文字都在历史中消亡了，而汉字经久不衰，且有在计算机时代更加兴盛的势头。汉字文化圈包括东亚、东南亚、华侨居住区等汉语使用区域。

（三）汉文化的特征

马克思、恩格斯曾经说过，“统治阶级思想在每一时代都是统治地位的思想”，在考察历史运动时，应该“考虑这些思想的基础——个人和历史环境”。由于先秦时期徐州是中国思想意识形态发生发展的中心地区，是文化交流、交通往来最便利的地区，是生活技能开化最早的地区，是最高统治集团核心人物的出生地和事业发祥地，所以，这里的文化习俗具有多元性的特点。

三、汉文化的贡献和价值

发端于江苏北部的区域文化经过汉王朝的统治，演进发展为民族文化、国家文化以后，其所做的历史贡献以及传承给现代的价值都是非常巨大的。

第一，在人文思想方面，汉朝文化奠定了儒家正统、道佛两翼三足鼎立的意识形态基础。汉初，承大乱之后，朝野上下人心思静，要求社会安定，以休养生息。因而，黄老的清静无为思想得以滋长，以至大行于世，出现了为史学界所称道的“文景之治”。到了汉武帝，取董仲舒等人之说，罢黜百家，独尊儒术，置五经博士，传述儒家经典，于是儒家思想得以大行于世。儒学在汉代由于特定的政治气候一跃而至“独尊”地位，及至古文经学的出现，使汉儒研经之风大变，形成了“汉学”。汉学的中心是经学。这种“中心”地位和由此而形成的儒家思想在思想政治领域的统治地位，贯穿了我国整个封建社会。东汉时，佛家思想传入，徐州同样是繁盛地区之一。史书上记载最早的一条佛事，就是楚王刘英好佛，并首造了浮屠祠；其他如下邳相笮融大建浮图祠；中国第一位比丘尼是徐州人；第一部佛典目录学著作的作者是徐州人僧佑，以及后来北魏时期孝文帝亲自到徐州来请高僧到首都去讲学，都说明江苏北部在人文思想领域是非常活跃的地区。

第二，在政治体制方面，汉代率先打破王侯有种的俗论，为后代君王起到借鉴作用。魏文帝曹丕曰："昔高祖脱衣以衣韩信、光武解绶以带李忠，诚皆人主当时贵敬功劳效心之至也。"晋武帝司马炎、北周高祖宇文邕、隋文帝、唐太宗李世民一方面敬佩汉高祖任贤与纳谏的德行，另一方面警诫自己勿杀功臣，要注意君臣相酬之道。明太祖朱元璋与汉高祖刘邦"均起自侧微，备历世故艰难，周知人情善恶"，更从刑法、食禄等多方面加以对照，引为深戒。清乾隆皇帝御批《纲鉴》则褒贬楚汉人物，点评楚汉得失有近20处之多。毛泽东对刘邦项羽研究最多，他说："项王非政治家。汉王则为一位高明的政治家。""刘邦能够打败项羽，是因为刘邦和贵族出身的项羽不同，比较熟悉社会生活，了解人民心理。"他还分析"汉高祖得天下一因决策对头，二因用人得当。"毛泽东是位诗人，他对刘邦的《大风歌》特别欣赏，称赞"写得很好，很有气魄。"其他诸如历代宰辅、诗人、作家对刘项的研究评价更是数不胜数。

史学家顾颉刚先生说："汉高祖以平民登帝位……开创了一个古今未有的局面这是无疑的。"史学家钱穆先生亦说："汉高祖代表着中国史上第一个平民为天子的统一政府之开始。汉武帝代表着中国史上第一个文治的统一政府即士治或贤治的统一政府之开始。""秦国的统一，只是旧局面转换到新局面之最后一步骤，必待汉高祖以纯粹平民为天子，始是正式的新时代之开始。”二位先生评价甚为恰当，足见汉文化对中国历史政治的巨大影响。

第三，在军事哲学方面，反抗暴秦与楚汉相争给历史留下了许多典型的范例，尤其是心理战术的成功运用，极大地丰富了战争智慧的宝库。这方面事实与传说，中国人都非常熟悉。张良在下邳圯桥拾履，得黄石公传授兵书，因而足智多谋，能运筹帷幄，决胜千里。在垓下决战的关键时刻，张良运用心理战术，教士兵夜唱楚歌。楚歌四起之时，江东子弟思乡油然，军心涣散，不战自垮。项羽斩宋义，以五万之众渡河与章邯20万身经百战的精锐之师决战，渡河后，破釜沉舟，以死相拼，靠的也是心理因素。韩信明修栈道，暗度陈仓，利用的是敌人疏于心理防范，而背水一战则是公然表明后退是没有活路的，客观上造成克敌制胜的心理优势。另外沛公避实就虚，礼遇降将；先入关中，约法三章；鸿门宴上服软就小，打的也是心理牌。至于陈平屡出怪招奇计，更是心理战术的灵活运用。

秦汉之际在军事哲学方面的内容是楚汉文化在战争中的反映，它升华了指挥艺术，从心理角度增加了战争智慧。至今我国仍然十分流行的象棋，就是以“楚汉相争”为文化背景，以“楚河、汉界”为敌我界线的一种以心理活动为主的斗智型的娱乐活动，可见汉文化的影响经久不衰。

第四，在道德观念方面，刘邦与项羽的行为对比，给中国道德崇尚留下了千古话题，给人的品质是非树立了标准。项羽在战争中是失败了，但千百年来依据传统道德，他的形象并不亚于刘邦，历朝历代享祭不断，歌颂不绝，可以说是精神上的胜利者。项羽勇猛顽强，身先士卒，仁而爱人，品性率直是老百姓理想中的干部形象；项羽爱情专一，忠贞不贰，是老百姓心中的丈夫形象；项羽鸿沟划界，信以为真，是老百姓眼睛中的朋友形象；项羽自刎乌江，羞见父老，是老百姓追求的君子形象。司马迁在《史记》中赞颂霸王“位虽不终，近古以来未尝有也。”南宋女词人李清照在国难当头渡江之际怀念楚霸王曰“生当作人杰，死亦为鬼雄，至今思项羽，不肯过江东。”讽刺宋朝统治阶级没有羞耻之心。一出《霸王别姬》，可谓中国爱情悲剧之首，千古流传，代代不绝，可见人民对项羽的道德品评是“不以成败论英雄”的。

随着时代的进步，道德观念的进化，人们对历史是非的评价随着不同的道德标准也在发生变化，对刘邦、项羽的评判也将代代相传下去，这都无可辩驳地说明汉文化的历史影响与社会存在。

第五，在语言文学方面，汉代是中国文化史上一个闪光的节点，留下了许多永恒的非物质文化遗产。形成于汉代的隶字，基本完成了记载工具在形态上由符号到文字的革命。在词汇上最值得称道的是成语。例如，破釜沉舟，典出项羽以必胜的信心砸锅沉船与秦军拼死的事迹；暗度陈仓，典出汉王掩人耳目，潜出西川，以奇制胜的事迹；衣锦还乡，典出项羽所言“富贵不还乡，如锦衣夜行”；约法三章，典出汉王、萧何为安定三秦民心，制定律令，互相约束的史实；项庄舞剑、意在沛公，事出鸿门宴上范增指令项庄假意舞剑、伺机行刺；兔死狗烹、鸟尽弓藏，则是韩信感慨自己英雄末路可悲的下场；季布一诺，又曰“千金一诺”，是因季布特别重信义，有“千金易求，难得季布一诺”的口碑而来。他如十面埋伏、四面楚歌、愧还江东、魂归故里等成语典故更为人民群众熟悉引用。这些成语典故语言简洁明了，信息量大，表达丰富准确，有广泛的普及率和极强的生命力。

汉代的赋体散文，章华辞丽，气势恢宏，在文学史上创造了一个不可企及的历史范本。乐府诗歌体察民风，承前启后，是中国诗歌发展史上的一个高峰。还有民间文学包括神话、传说、故事、歌谣，不仅有关上古的内容得到传承和整理，就是有关汉文化的内容亦十分丰富。诸如刘邦出世、樊哙与狗肉、张子房铁箫散楚，韩信九里山布阵、项羽与乌骓马，戚姬苑的传说、虞姬与美人巷，不胜枚举。可以说西楚两汉时期的每一个重要人物，每一处重要地点和每一个重要事件几乎都有人民群众绘声绘色、根据自己的好恶添油加醋的编创。这些内容表现手法多样，传奇色彩浓重，主题思想包含对后人的历史教育、道德培养、文化熏陶和乡土感情的培育。尽管它有虚幻成分，有粗俗现象、有娱乐因素，但在资治、存史、教化过程中的作用是很大的。

第六，在艺术创作方面，舞台艺术上的戏曲题材中亦有大量的楚汉内容，经典之作悲剧有《霸王别姬》、喜剧有《高祖还乡》，正剧则有《追韩信》《斩韩信》《鸿门宴》等。这些题材扣人心弦，启人思索，再经表演艺术大师们发挥创造，几乎成了中国戏曲舞台上的常青树。绘画与雕刻艺术方面最典型的是汉画像石，被世界艺术大师们喻为形象化的社会史。在没有影像传媒技术的时代，以写真的手法，表现神仙世界、社会生活、生产劳动场景等，具有很高的文物价值、科学价值和艺术价值。还有，汉文化继承发展了炎黄先祖的图腾文化，将龙凤形象人格化，形成中国人的精神支柱和文化象征。马王堆汉墓帛画上引导亡灵、镇邪驱魅的四龙四凤等，都表现了龙凤文化的源远流长和特殊功能。汉代学者编造刘邦的母亲泽坡遇龙受孕生了汉高祖这个“龙种”，从此以后的历代封建帝王，无不将自已饰说成“真龙天子”；王侯将相乃至寻常百姓，无不用龙凤之祥祈福于家。悠悠数千年，至今不衰，足见龙凤文化在中华民族的心灵上占有何等重要的地位。

第七，在传统教育方面，汉文化在民族凝聚、精神激励和价值整合方面从人文素质层面上发展了存史、教化的功能。随着时代的发展，曾经发挥过主导作用的汉文化已融入全民文化之中，但楚风汉韵并没有从淮海大地上消亡，有情有义、不屈不挠，被具有英雄主义特征的江苏人民世世代代继承下来，历朝历代出了不少英雄豪杰。抗金英雄赵立、魏胜，抗倭英雄刘江，反清复明的闫古古、万年少，抗日捐躯的杨泗洪和舍命刺杀大汉奸汪精卫的孙凤鸣等，都是淮海大地培养出来的伟烈丈夫。在日后的抗击外来侵略和反抗残暴统治中，淮海人民始终以敢于斗争、善于斗争而闻名国内外，谱写了一曲曲英雄壮歌。在日后的抗击自然灾害、重整大好河山劳动中，淮海人民也始终表现出“气吞万里如虎”的豪迈激情，使得黄河、淮河安然顺畅，造福家乡。其他诸如在天文、地理、医药、体育、造纸等许多方面，汉文化的历史贡献也是十分巨大的。

今天，全球已进入数字化时代，伴随着经济全球化的步伐加快，中国文化必将经受外国文化资本、文化产品和文化价值观念的三重冲击，尤其是文化价值观念的冲击，将影响年青一代的思想意识，削弱传统人文精神，所以，在经济全球化的旗帜下，外国势力实际上在推销自己的本土文化。但是中国文化具有鲜明的特点和优越性，这是外国文化立足中国的难点，也是中国文化走向世界的优势。文化具有时代性、地域性特点，更具有超时代性、超地域性特点，汉文化具有内在的主体性、系统性和开放性，在建设新世界新文化中仍然具有超强的生命力。就建设文化强省、增强江苏文化竞争力而言，加强汉代文物保护，积极申报世界文化遗产，像关心老工业基地一样，继续关心曾经做过历史贡献的汉文化发祥地——徐州；加强旅游开发，支持苏南苏北旅游资源一体化战略；加强汉文化研究，为舆论宣传提供学术保证；加强人才培养，保持文化建设可持续发展等等方面，江苏文化领域前景十分广阔。

徐州两汉文化中的外来文化因素

缪　华[1]

交流与发展是人类文明发展史上永恒的话题，厘清各种文明不同时期的本土文化与外来文化因素以及在发展中的作用是文化学者的重要责任与义务。汉代是一个承前启后，蓬勃向上的时代，处在中国封建社会的上升时期。汉朝疆域辽阔，他东抵日本海、黄海、东海暨朝鲜半岛中北部，北逾阴山，西至中亚，西南至高黎贡山、哀牢山，南至越南中部和南海。汉朝是一个强大的帝国，创造了辉煌的文明，农业、手工业、商业都有了极大发展，人口达到5000多万。有容乃大，汉朝的发展也是不断交流吸收发展的结果。徐州是汉高祖刘邦的龙兴之地，大汉王朝的帝王之乡，汉文化的集萃之地。考察徐州两汉文化中的外来文化因素与对外交流状况是徐州两汉文化研究的重要课题，对于思考今天徐州在“一带一路”倡议构想中的定位具

---

[1]　缪华，徐州市博物馆信息中心主任、副研究员。

有积极意义。

以丝路命名的交通大动脉对世界文明的交流做出了巨大贡献。一般认为陆上丝绸之路最初由汉代张骞出使西域时开通，向西通往中亚、南亚、西亚和欧洲，全盛于汉唐；海上丝绸之路也形成于汉代，连通中国沿海，再向东通往日韩，向西通往东南亚、西亚、北非和欧洲，全盛于唐宋。

以史为鉴，总结历史经验，为促进世界各国共同发展，2013年9月和10月，中国国家主席习近平分别提出建设“新丝绸之路经济带”和“21世纪海上丝绸之路”（简称：“一带一路”）的战略构想。“一带一路”建设是党中央、国务院根据全球形势的深刻变化，统筹国际国内两个大局做出的重大战略决策，对于我国构建开放型经济新体制，打造全方位对外开放新格局具有决定性意义。国家“一带一路”战略规划中，将徐州市确定为新亚欧大陆桥经济走廊重要节点城市。作为“新丝绸之路经济带”东端的大型中心城市，徐州在“一带一路”中将发挥“连接南北、承东启西”的辐射引领作用。

徐州两汉文物资源精彩纷呈，通过古丝绸之路的文化交流，徐州两汉时期的金银器、玉器、青铜器、汉画像石等文物上凸显了异域文化的风采。本文在回顾汉代徐州与古丝绸之路关系的基础上，梳理了徐州汉代文物上的外来文化因素，以史为鉴，能为我们更好地认识徐州两汉文化的特质，同时，展望未来，更好地做好徐州文化资源的宣传推介工作，为国家“一带一路”建设做出应有的贡献。

一、徐州出土玉器中的外来文化

和田玉是中国古代玉器原料的重要来源，有关和田玉最早进入中原的时间，至今仍是一个未能解决的问题[1]。公元前2世纪，张骞通西域后，新疆和阗玉（今称和田玉）大量进入中原地区。《汉书·西域传》载："于阗国，王治西域，去长安九千六百七十里。……其东，水东流，注盐泽，河原出焉。多玉石。"[2]

长期以来，人们普遍认为丝绸之路"正式开通"于西汉张骞出使西域（前139年～126年；前119年～115年）之后。通过丝绸之路，由东向西运输的物品主要是丝绸，而由西向东去的货物则有黄金和其他贵金属，如象牙、珊瑚、琥珀、宝石等。徐州出土的大量汉玉，则对上述成论提出了质疑与补充。首先，徐州汉玉中精美的新疆和田玉占有很大比例。狮子山楚王墓出土了200多件玉器，绝大多数为玉质上乘的新疆和田所产的白玉和新疆玛纳斯河流域所产的青（碧）玉[3]。一个诸侯王

---

[1] 夏鼐先生认为："和田玉是中国古代玉器原料的重要来源，尤其是汉武帝通西域以后的各时代。至于最早是什么时候开始运来使用的，这仍是一个未能解决的问题。"（中国社会科学院考古研究所《殷墟玉器》，第3页，文物出版社，1982年。）闫亚林先生总结了学界对于和田玉最早进入中原的时间主要有五种观点，即仰韶说、齐家文化说、夏代说、商代说和西周说，由此认为截止到目前没有明确可靠的科学证据证明最早的和田玉是何时进入中原的，通往和田玉产地的玉石之路何时开通仍然是个问题。（闫亚林《关于"玉石之路"问题的探讨》，载《考古与文物》2010年第3期。）

[2] 班固《汉书·西域传》，第3881页，中华书局，1962年。

[3] 狮子山楚王陵考古发掘队《徐州狮子山西汉楚王陵发掘简报》，载《文物》1998年第8期。

便随葬了如此之多的新疆玉，这就明白无误地告诉人们，丝绸之路大宗贸易并非仅仅局限于上述物品，还有大量的美玉通过这条通道千里迢迢流入中原及东部地区。其次，狮子山楚王墓的墓主有刘交（亡于前179年）、刘郢（亡于前175年）与刘戊（亡于前154年）三种说法，无论哪种说法都表明该墓的下限在张骞出使西域之前，这也就是说，早在张骞出使西域之前几十年，在这条贸易通道上已经开始有较大规模的运输与交换了[1]。

为了解西汉玉器的成分特征及玉料来源，相关研究者利用显微放大观察结合电子探针、红外光谱、拉曼光谱和LA—ICP—MS技术，对徐州狮子山楚王墓出土的部分玉片（玉衣片和玉棺片）样品进行了检测分析。结果表明，徐州狮子山楚王墓出土玉器主要为透闪石质软玉，玉片玉料来自新疆和田，来源较为单一[2]。如果这个认识正确的话，说明最迟在西汉早期新疆和田玉料就已覆盖到西汉楚王国区域，并成为宫廷玉料的重要或主流来源。

图1　狮子山楚王墓出土的“S”形玉龙

徐州出土玉器，除了玉料的来源产地与玉石之路和丝绸之路有关外，玉器的造型、风格同样受到了外来文化的影

[1] 梁勇《徐州出土汉代玉器的历史价值》，载《光明日报》2003年4月8日。

[2] 谷娴子等《徐州狮子山楚王陵出土金缕玉衣和镶玉漆棺的玉料组分特征及产地来源研究》，载《文物保护与考古科学》2010年第4期。

响。出土于狮子山楚王墓的S形玉龙佩，通体透明，雕项背而接的双翼龙，龙呈蹲踞状，龙首向下，张口疵须。龙身虬曲，二龙首上有角，背有变形短翼。龙身下有变形卷云纹，龙身处饰有谷纹。这种带翼的龙形玉饰，带有浓郁的异域风格（图1）。

二、徐州出土文物中的斯基泰式文化因素

斯基泰艺术是草原文化的典型代表。他们的艺术体现在个人戴的帽子、耳饰、颈饰、手镯、金带，供战斗用的弓箭、短剑、斗斧、甲胄，马鞍、马镫、辔头等马具，还有毛毯、花瓶等日用品和装饰品上。[1]这些物品的做工十分精细，装饰的花纹和图案大都以动物为主题，风格也不是简单的写实，而是在写实的同时透露出一种奇异和细腻。从内容上看，斯基泰艺术所描绘的都是狩猎及动物搏斗的场面，偏好层层涂色、扭曲和旋卷，“常常像盘根错节的蔓藤一样缠绕在一起，或表现断肢少翅的鸟，或表现被豹子、黑熊、灰色大鸟捕捉住的鹿和马，牺牲者的躯体常常是完全卷成圆形。”[2]

受斯基泰艺术东向传播的影响，徐州地区出土的画像石、西汉墓葬中出土的金带扣等文物上也出现了斯基泰的艺术形式。狮子山楚王墓出土的金带扣，主体图案浮雕二兽噬马（图2）；后楼山汉墓出土的金带扣以蜷曲翻腾的透雕三羊为主题；

[1]　［日］江上波夫著，张承志译《骑马民族国家》，第21页，光明日报出版社，1988年。

[2]　［法］勒内·格鲁塞著，蓝琪译、项英杰校《草原帝国》，第35页，商务印书馆，2004年。

簸箕山刘埶墓出土的金带扣则浅浮雕三羊及22只羊首。徐州画像石上的“行龙瑞兽”图案，瑞兽后肢高高地翻腾，颈部极力向后扭转，高度的变形夸张（图3）；翼龙、翼虎嬉戏噬咬等雕刻艺术造型同样具有明显的斯基泰文化特征。

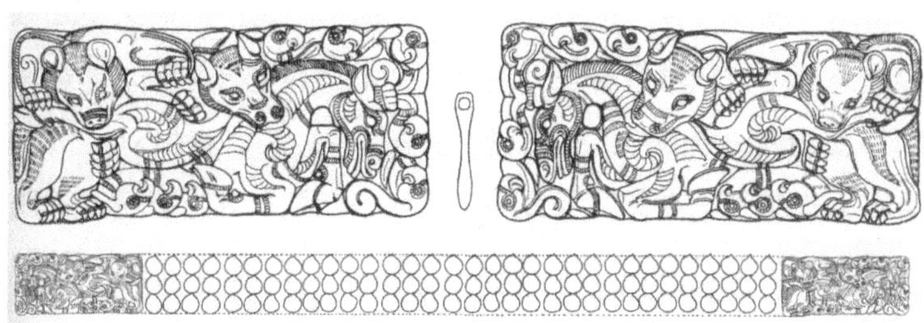

图 2　狮子山楚王墓出土金扣腰带复原线图

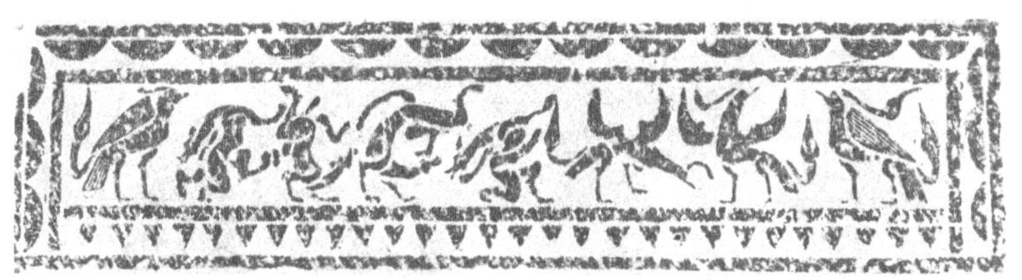

图 3　贾汪出土的“行龙瑞兽”画像石拓片

三、徐州汉代文物中的佛教文化

在东汉墓葬中，象征佛教题材的出土遗物较多，主要有摇钱树、佛兽镜、神瓶（魂瓶）以及尖帽胡人俑、白象俑、造像等。

邳州燕子埠东汉彭城相缪宇墓出土了一尊鎏金铜佛（人）造像。造像为青铜铸造，外部鎏金，腹内填有其他金属（图

4）。造像呈屈膝跪坐状，右手拇指分开，四指并拢向上举过耳，掌心向前，示无畏，长袖垂于腕下；左手轻轻放在左膝上。面阔耳硕，头发向后梳成一髻，上横插一簪，露出前额，面部静穆，双目圆亮；两眉宽长翘起，鼻圆凸，嘴巴抿起；下巴圆阔，胡须髯髯，梳成古月，整个面部神态严肃而又不乏慈善之态。鎏金铜佛身着长袍裟衣；袍上饰鎏金云气纹，襟边、袖口及后腰部饰鎏金带，长袍遮住双膝，后背露出双足（赤足），足底肉结高起；后背一竖向鎏金凹槽，其造型诡持，铸工精湛。[1]

图4　东汉彭城相缪宇墓出土的鎏金铜佛（人）造像

徐州汉画像石中与佛教有密切关系的图像，如僧侣骑象、伎人骑象、胡人骑象、六牙白象和胡人形象等。

徐州汉画像石艺术馆收藏的僧侣骑象画像石（图5），四周刻边框，框内画面分为上下两格。上格刻六个瑞兽，曼舞相戏。其下刻五人，头戴巾帻，衣着长袍，骑在大象背上，象有

[1]　陈永清，张浩林《邳州东汉纪年墓中出土鎏金铜佛造像考略》，载《东南文化》2000年第3期。

六牙，称六牙白象。下格残缺，仅存中间一熊与左右两人。[1]六牙白象，是能仁菩萨的七宝之一，并被赋予神通。东汉《杂譬喻经》卷上谓："昔雪山有白象王，身有六牙，生二万象。"六牙白象图像在早期佛经中逐渐为信徒所知，为"象中之宝""象王"，因此在汉人心中浓烈的杂糅佛道的升仙信仰中，往往出现在仙界中。无论六牙白象背上人物是汉人抑或是胡人，都流露出浓郁的域外情趣，是早期佛教在徐州地区流行的重要证据[2]。

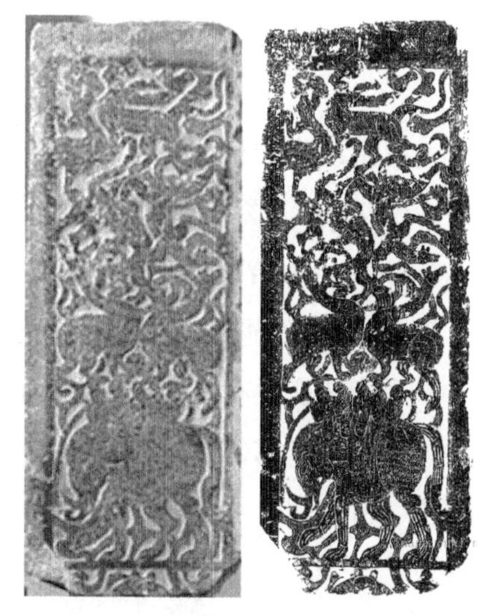

图 5　僧侣骑象图原石与拓片

另外，茅村汉墓前室北壁画像左侧的驭象者与骑骆驼者[3]，十里铺东汉墓的中室横额上的狮面九头兽和裸体飞人形象[4]、拉犁山汉墓藻井上的莲花图案、邳州八义集过满山汉画像石墓的圆雕力士门柱上的莲花纹饰，这些图像均可能与佛教有关。

[1] 杨孝军，郝利荣《徐州新发现的汉画像石》，载《文物》2007年第2期。

[2] 朱浒《东汉徐州汉画中的佛教问题新探》，载《中国美术研究》2013年第4期。

[3] 徐州博物馆《徐州汉画像石》，图56，江苏美术出版社，1985年。

[4] 江苏省文物管理委员会，南京博物院《江苏徐州十里铺汉画象石墓》，载《考古》1966年第2期。

四、徐州汉代文物中的胡人形象

汉墓出土的胡人俑，汉画像石上刻画的胡人形象为头戴尖帽、高鼻深目。形象主题有胡巫、胡奴、胡汉战争、胡人狩猎等。

徐州十里铺汉画像石墓出土的男侍俑，头戴尖顶帽，帽后有一穿孔。形象似胡人，深目高鼻，颧骨突出。坐姿，全身涂朱[1]。

邳州代庄散存的石蹲踞人像画像石，人像呈蹲踞姿态，头戴尖帽，袒胸露体，双膝曲蹲，一手伏膝，一手托着面颊呈蹲踞状（图6①）。徐州贾汪出土了刻有胡人吹奏胡笳图案的墓柱（图6②），柱上刻一胡人，身下刻一怪兽，胡人头部带着一顶尖尖的帽子、脸庞瘦削，高鼻深目，双手持胡笳竖吹。[2]

图 6　①石蹲踞人像画像石；②胡人吹奏胡笳画像石

徐州铜山县洪楼出土的胡人拜谒画像石。画面分两层，上层刻人物，可辨左刻八人，其中五人执杖，面朝右；右侧跪有五

[1]　江苏省文物管理委员会，南京博物院《江苏徐州十里铺汉画象石墓》，载《考古》1966年第2期。

[2]　杨孝军《江苏徐州出土的汉代陵墓石雕》，载《四川文物》2009年第1期。

名高帽胡人，立有五名高帽胡人；中央另有两人。下层有两个建筑，建筑中有数人，或观乐舞，或纺织。两个建筑之间的空地上有建鼓舞。左右各有人物倒立、吹奏乐器，下有跳丸的胡人。屋顶上有鸟和猴（图7）。[1]

图7　胡人拜谒图

徐州汉画像石艺术馆馆藏的胡汉交战图画像石，画面前有胡人七骑作仓皇逃窜状，边逃边回身弯弓后射，还有一骑胡人已从马上栽下，被已经追上的汉军士卒割下头颅，另有一骑汉兵正在策马追赶胡人（图8）。[2]

图8　胡汉交战图

[1]　江苏省文管会编著《江苏徐州汉画像石》，图版40，科学出版社，1959年。

[2]　杨孝军，郝利荣《试析徐州汉画像石中的“胡人”及其文化影响》，载《大汉雄风——中国汉画学会第十一届年会论文集》，第76页，2008年。

五、徐州汉代文物中的有翼神兽

有翼神兽在中国古代文物中是一种使用材料很广、流行时间很长的艺术主题。这一主题包括若干不同种类，如带翼的狮、虎、鹿、羊等。中国的有翼神兽，与西亚、中亚和欧亚草原的艺术有不解之缘，受外来文化的影响，并且与中国的艺术主题长期共存。著名历史学家翦伯赞先生论述汉画像石时说："像这样的画像，特别是有翼的天使出现，显然不是中国古典艺术的传统，而是希腊、罗马艺术在中国之变体""天马、灵犀、狮子、三足乌、一足牛、比翼双头鸟之类均为外来的图案。"[1]

1994年徐州簸箕山西汉宛朐侯刘埶墓出土了一件"兽形饰"（图9）。由左右两半分铸粘接而成，连接处缝隙较明显。兽作匍匐状，首微昂，阔口，有耳，两长角卷曲下垂至背部。背生双翼，长尾上卷。从其造型看，似为天鹿。[2]

图9　宛朐侯刘埶墓出土的"兽形饰"

在东汉时期的画像石中，有翼神兽是常见主题。其中既有格里芬式的鸟首神兽和天禄、辟邪，

[1]　翦伯赞《秦汉史》，第540页，北京大学出版社，1991年。

[2]　徐州博物馆《徐州西汉宛朐侯刘埶墓》，载《文物》1997年第2期。

也有翼虎、翼豹、翼马、翼鹿和人首（九头、三头和两头）兽身的带翼神物，例子极多，不胜枚举。[1]

（一）狮子

狮子的原产地是非洲，东汉时期作为贡品传入中国，先后名为天禄、辟邪、符拔、狮子等。徐州贾汪出土的一对透雕墓窗，下面是狮子作为柱础（图10），柱子上面雕刻是胡人伎乐表演，准确的比例造型，三维圆雕的体积感觉，给人以浓厚异域风采的感受。[2]

图 10　贾汪出土透雕墓窗画像石上的狮子

（二）麒麟

麒麟是以鹿类动物为依托的有翼神兽。汉画像石上麒麟运用的装饰羽翼的创作手法，是中西方经济文化交流不断深入的产物，为中国古代艺术品创作注入了新的活力[3]。徐州睢宁县九女墩汉墓出土了麒麟图案的画像石[4]（图11）；邳州燕子埠东汉墓出上的一方汉画像石。画面分四格，其中第三格刻福德羊

[1]　李零《论中国的有翼神兽》，载《中国学术》2001年第1期。

[2]　武利华《汉石春秋天工神韵——走进徐州汉画像石艺术馆》，载《东方收藏》2010年第9期。

[3]　孙长初《汉画像石麒麟图像考略》，载《东南文化》2011年第5期。

[4]　武利华，王黎琳等编《徐州汉画像石》，图129，江苏美术出版社，1985年。

和麒麟，近旁有“福德羊”“麒麟”的榜题[1]。

图11　睢宁九女墩汉墓画像石上的麒麟

（三）翼虎、翼龙

徐州发现了较多的刻有翼龙、翼虎图案的画像石。《徐州新发现的汉画像石》中收录的1号石，该石现藏徐州汉画像石艺术馆。两面均刻有画像。正面画像包括熊、翼龙和翼虎，四周刻有边框。框内左右刻翼龙、翼虎，龇牙咧嘴，竞相嬉戏，中间一熊，上边以云纹补白。背面画像与正面相类，也是熊及翼龙、翼虎图，只是在翼虎与熊之间加刻一小兽，小兽仅刻上半身，仰首张口。[2]（图12）

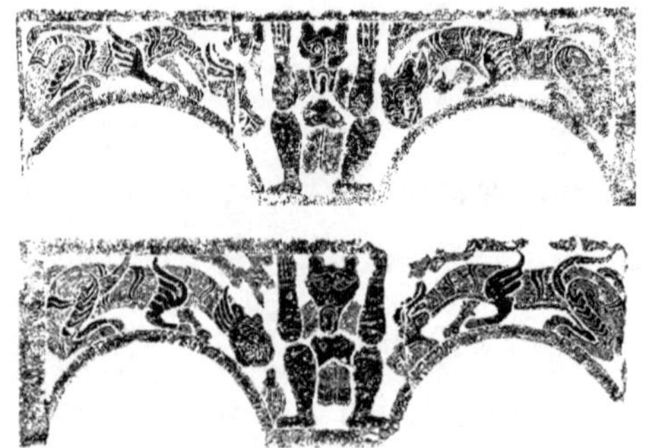

图12　翼龙、翼虎画像原石与拓片

[1] 南京博物院，邳县文化馆《东汉彭城相缪宇墓》，载《文物》1984年第8期。

[2] 杨孝军，郝利荣《徐州新发现的汉画像石》，载《文物》2007年第2期。

（四）翼马

徐州市铜山区苗山汉墓出土的黄帝升仙图画像石，现藏徐州汉画像石艺术馆。画面上方刻一日轮，中有三足乌，旁刻黄帝升仙。传说黄帝为有熊氏国君，因而被刻成熊首人身。画面中间刻有飞马，名曰“飞黄”，传说它是龙翼马身“黄帝乘之而仙”“飞黄腾达”的典故由此而生。下方还刻一头神象（图13）。[1]

图13　铜山县苗山汉墓出土的皇帝升仙画像石

（五）犀牛

徐州市睢宁县九女墩汉画像石墓出土的犀牛争鼎画像石。画分两层，下层刻车马出行图，两辆装饰华丽的辎车和三骑吏由远方驰来，骑吏的马背上挂着弓箭，似去狩猎；上层画面中间刻一神鼎，鼎旁有玉兔守护，鼎内应装有炼成的丹药，两只生有羽翼的犀牛向鼎扑来，玉兔在奋力反搏。图上部刻”九穗禾”，嘉禾旁有一对凤凰，左上角刻一九尾狐，右上角刻一麒麟。画面左右还刻一对祥瑞符号，中间为圆日，四边为半月，此为日月合璧图。汉代人把日月合璧又称为日月同辉，视为吉

[1]　武利华主编《徐州汉画像石》，线装书局，2002年。

祥之日（图14）。[1]

图14　睢宁九女墩汉墓出土的犀牛争鼎画像石

六、徐州汉代墓葬建筑中的外来文化

徐州地区汉代墓葬结构形态中，也有许多非本土的因素，可能与中外建筑文化的传播交流有关。武利华先生在论述汉画像石艺术中的外族风格时提到，徐州汉画像石墓葬中的石柱，有方形和多棱形，反映出西方建筑的特点[2]。贾汪汉墓墓室中的石柱，高0.93米、周身0.8米，刻着16条瓜棱，下有础，上有栌斗[3]。拉犁山汉墓一号墓的石柱也为瓜棱形，柱高1.4米，周身有16棱。这种瓦楞形的柱身与希腊柱身的主要特点相一致。徐州白集东汉画像石墓[4]为一座多室墓，在前室与中室以及中室与两耳室之间都有立柱支撑，但柱身各不相同。第一种为倚柱，在中室通往其他室的门两侧安置，上有柱头下有柱础，柱

---

[1]　武利华主编《徐州汉画像石》，线装书局，2002年。

[2]　武利华《汉画像石艺术中的外族风格》，载《先秦两汉学术》2008年第8期。

[3]　南京博物院《徐州贾汪古墓清理简报》，载《考古》1960年第3期。

[4]　南京博物院《徐州青山泉白集东汉画象石墓》，载《考古》1981年第2期。

身为瓜棱形。第二种为八角棱形，同样带有柱头和柱础。最后一种为瓦棱形，圆弧内凹尖部冲外，柱头部带有人面装饰，有柱础。马天行先生认为，徐州白集东汉画像石墓中石柱，恰好处于一个承上启下的阶段，相较于南朝时期的石柱或墓柱，更贴近古希腊石柱的风格[1]。

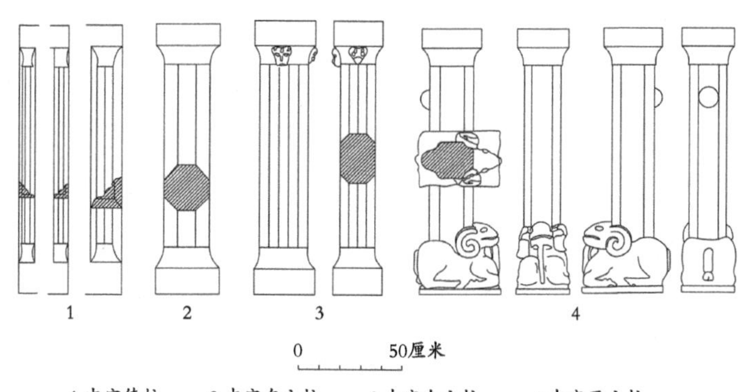

1.中室倚柱　　2.中室东立柱　　3.中室南立柱　　4.中室西立柱

图 15　白集汉墓墓柱

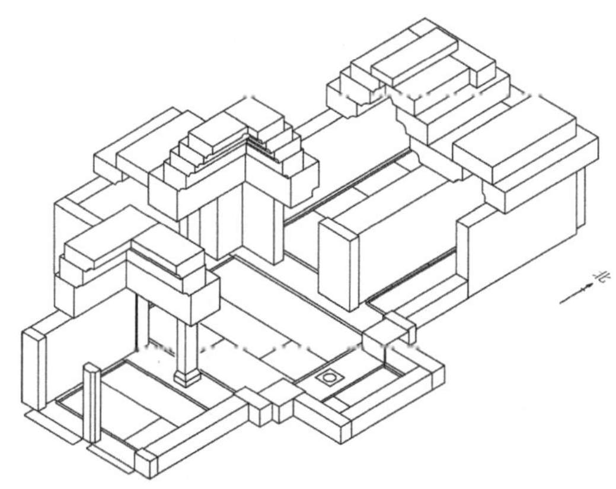

图 16　白集汉墓墓室透视图

[1] 马天行《东南沿海古代墓葬装饰艺术中的外来因素》，载《南方文物》2015年第2期。

我国古代是以木构为主体的建筑体系，砖石建筑不发达。徐州地区汉代墓葬墓室建筑中出现了大量采用砖券拱顶的情况。徐州白集汉墓、茅村汉墓、拉犁山汉墓采用条石层层叠压形成了叠涩式穹隆顶。徐州土山东汉彭城王一号墓的甬道、前室、后室均采用楔形砖砌筑半圆形墓顶。徐州地区的中小型砖室墓、砖石混合墓也有采用楔形砖或方砖砌筑的半圆形或弧形墓顶。相关研究者认为，西汉时期存在着由域外传入砖拱券技术的海上通道，西汉晚期出现的汉地砖拱券技术很可能得益于"海陆丝绸之路"带来的文化交流而引入，而非本土折线拱技术演化的结果[1]。更有学者明确指出：两汉以降汉地早期砖石拱顶与中亚砖石拱顶在构成特征上的相似性，伴随着一种文化综合体现象。考虑到汉代与西域频繁的文化交流背景，这种现象不可能只反映了趋同，而且也应反映出传播与影响。而汉地砖石拱顶受到中亚影响的可能性是很大的。[2]

七、结语

徐州与海、陆丝绸之路均有着密切的联系，是海、陆丝绸之路各个起点（如蓬莱、连云港、扬州和西安、洛阳、开封）之间的必经之路。徐州由此借助于丝绸之路与外界的经济文化交流经久不衰，其出土文物上体现的外来文化因素是最好的例证。本文梳理了徐州地区带有外来文化风格的文物，其中墓葬

[1] 徐永利《汉地砖砌穹窿起源刍议》，载《建筑学报》2012年第S1期。

[2] 常青《两汉砖石拱顶建筑探源》，载《自然科学史研究》1991年第3期。

出土文物因有明确的出土地点，文化影响因素相对单一明确。但是，部分画像石由于经过早期被盗、流通买卖等环节，目前虽被收藏于现今徐州的某个单位，但是对其风格影响的判别会存在偏差，需要下一步做更精细的识别鉴定。

不同国家不同地区之间的交流融合是双向的，有规律有节奏的，内容也是丰富多彩的；既有双赢模式，也有血与火的发生，有正向的，也有负向的。以史为鉴，理清思路，争取最佳模式，取得双赢效果，对于今天“一带一路”发展战略尤为重要，也是我们必须认真思考的问题。徐州两汉文化对中华文化做出了重要的贡献，从丝绸之路的维度考量，我们的工作与社会需求之间还有很大的差距，汉代尚不十分清晰，其他时期更鲜有人谈到，学界对此必须有清醒的认识与紧迫感。

汉画像石中的外来文化

马　燕[1]

五千年华夏，无“汉”不以成中国。中国汉朝，是世界上与西方罗马帝国同时代的强盛国家。汉朝人把他们的故事镌刻在石头上，为祠堂和墓室装修，作为墓葬文化，历经劫难，一直留存到今天。汉画像石被我国著名历史学家翦伯赞先生誉为“绣像的汉代史”。汉代是包容开放的，经济繁荣的同时，文化兼容并蓄。回顾中外沟通与文化交流的历程，可知汉代是丝绸之路的开创时期，文化交流一旦产生，便形成一股不可阻遏的力量奔腾澎湃，任何力量无法阻止其前进。“一种文化历史的形成除了对本民族、本地区母体文化（原型内核）因子予以接纳和继承之外，还必然对外来文化元素加以有目的、有条件的吸收和融合。”汉代文化带上外部优秀文化的独特印记，并通过汉画像石这一独特载体穿越时空、呈现给今人，为我们理解历史长河中文化交流的丰富层次和维度，提供了重要途径。

---

[1]　马燕，徐州市民间文艺家协会秘书长、李可染艺术馆副馆长。

一、汉代及之前的对外交流

汉代的外来文化是伴随着中外交流和经济贸易的发展而产生。汉代和此前的中外交流，大体上分三路，一是我们称为的“丝绸之路”（南路），一是黑海至蒙古的草原之路（北路），还有一条次要的通路，即地中海或波斯湾至两广、或山东的海路。三条通路的使用，因时代而不同。张骞出使西域之前，北路是主要的通路，尔后南路取代了北路，为中外交流的主动脉。至于海路，则是随汉朝而兴起，只因当时航海技术相对落后，海路始终是次要的一个通路。

北路，是穿经“欧亚草原”而来的草原之路。自公元前约11世纪的商末起，欧亚草原进入游牧时代，中原始与草原东部有交往，从商代铜器与此地区的有许多相似可考证。而至公元前六七世纪的春秋时期后，进入快速发展，形成东西方交往的主要路径，直到公元前2世纪后被张骞等人开通的丝绸之路取代。在这期间草原中西部先后为伊朗血统的斯基泰人、撒玛利亚人统治，草原东部的统治者，大体是匈奴人、印欧种的月氏人和中国文献称的北狄。中西方的艺术在此期间发生了重大改变，在中国纹样化的礼仪艺术走到了尽头，“自然主义”“浪漫土义”萌生。在西方，希腊与伊朗艺术也丢弃了几何传统，开始了写实的、自然的新风格。随着其源头艺术（希腊与两河流域文化）的发展，欧亚草原艺术也进入了发展的高峰期，即西方艺术史称的“斯基泰艺术”。这种艺术的特点是将草原本土艺术的风格，与希腊、伊朗的写实与动态之风，完美地融为一体，使动物做各种变形，也叫“动物风格”。

北路的衰落，是随着丝绸之路（南路）的兴盛而来的。丝绸之路的极盛期在汉代，随着汉武帝派张骞出使西域，此道路便被再次“凿通”。张骞出使西域被全球史观学者视为“开启了中国与世界互动认知的新时代”[1]。汉代以长安为起点（东汉时为洛阳）经河西走廊到敦煌，再分南北两路到达“大秦”（古代中国对罗马帝国及近东地区的称呼）。它贯穿了阿富汗、印度、阿姆河-锡尔河地区、伊朗、伊拉克、叙利亚、土耳其，通过地中海到达罗马。丝绸之路不仅是贸易大道，也是沟通东西方文化的桥梁。在这条大约7000千米的漫漫长路上，几千年来，伴随着大漠孤烟与长河落日，悠远的驼铃在历史的天空中回荡，出使西域的张骞，投笔从戎的班超，西天取经的玄奘，都留下了他们的足迹和身影。

最后是海路，中国汉代与西方的海上交往，主要以贸易为主，海路只是中西交通的一条辅路。从艺术角度看，当时的地中海地区，正处于希腊化晚期和罗马艺术的早期；继承了伊朗传统的安息艺术，则融合了希腊化与罗马的因素；亚历山大远征的遗产——大夏，虽然政治上瓦解，但由故乡带来的希腊化艺术，却保持了生机，在传入由甘肃迁来的月氏人之手后，它衍生了贵霜王朝的佛教艺术。这些地区的艺术，虽内容与风格有别，但就深层而言，却都有希腊的血统。最明显的就是写实

---

[1] 王永平《从“天下”到“世界”：汉唐时期的中国与世界》，中国社会科学出版社，2015年。

的气息，和对现实生活的爱好。[1]

从世界文明发展史来看，不同文化之间交流互融推动了社会的进步与发展。两汉时期，社会经济发达，文化繁荣，民族自信力最为强劲，富有热情奔放，兼容并蓄，浪漫而进取的时代精神；呈现出雄壮威仪，阔大浑厚，且具有很强的适应性和多样性的盛世气象，并由此奠定了中华民族的主基调，为后世留下了丰富的遗产，汉画像石就是最为珍贵的文化遗产之一。那么，两汉时期，外来文化是怎样影响汉画像石的？又是怎样影响本土文化的？

汉王朝的发祥地是徐州，徐州人刘邦开创了大汉的帝王基业，徐州滋养了两汉的社会文化，汉画像石艺术就是两汉社会的文化表现。本文试以徐州出土的汉画像石为例，简论汉画像石中的外来文化。

二、徐州地区汉画像石的形成与发展

汉画像石从西汉初期开始，一直延续到东汉末年。它随着汉代社会的兴盛而产生，随着汉代的灭亡而消失，在历史上流行了近400年的时间。汉画像石大体可以分为苏鲁豫皖、豫南鄂北、川渝与陕北晋西四大片区，徐州是苏鲁豫皖片区的重要组成部分，是汉画像石的集中出土地之一。迄今为止，已知全国出土的汉画像石一万余方，其中河南3000方，江苏（主要为徐

[1] 缪哲《汉代艺术中外来母题举例——以画像石为中心》，南京师范大学2007年博士论文。

州）2500方，山东2000方，四川500方，陕西500方，安徽500方，山西300方，湖北、浙江、北京、贵州等地1200方，国外日本、美国、英国、法国、加拿大等国家的博物馆、美术馆都有收藏数量不少的中国汉画像石。

徐州出土的汉画像石包括了行政区划和徐州风格两个不同的概念。徐州汉画像石属于鲁南、苏北汉画像石分布区的一部分。鲁南、苏北在新石器时代即为一个文化圈，考古学上称为“海岱文化区”，这一区域具有共同语言文化和共同生活习惯。商周时期，这一区域小国林立，但彼此交往频繁。战国中后期，这一区域属于楚国。汉武帝元封五年设立刺史制度，延续到东汉灵帝三百多年，这一区域大都属于徐州刺史部。因此，徐州汉画像石是这一文化圈内的同一时期、同一文化现象。

徐州汉画像石的发展有其历史原因。从政治方面，徐州是汉高祖刘邦的故乡，两汉时期一直为封建王朝所重视。跟随刘邦打天下的丰沛功臣集团的萧何、曹参、周勃、王陵、夏侯婴、灌婴、樊哙、周昌等皆徐州人。西汉初期，刘邦封其同父异母的弟弟刘交为楚王，都彭城。《汉书·楚元王传》载：“汉六年，……交为楚王，王薛郡、东海”，地方广大，有薛郡、东海、彭城郡等共36个县，西到河南，东至大海，南达淮河，北到今山东的临沂和泰安的汶河一带。从经济方面，徐州堪称“膏腴之地”，《尚书·禹贡》载：“海、岱及淮惟徐州。淮、沂其乂，蒙、羽其艺，大野既猪，东原厎平。厥土赤埴坟，草木渐包。厥田惟上中，厥赋中中。厥贡惟土五色，羽畎夏翟，峄阳孤桐，泗滨浮磬，淮夷蠙珠暨鱼。厥篚玄纤、缟。浮于淮、泗，达于河。”可见汉代的徐州自然条件好，经济富庶，漕运发达，促进徐州与各地经济交流与商贸往来。据《汉书·地理志》记载，今徐州境内就有彭城、沛、下邳三处铁官，徐州也是汉代产铜的重要地区。更重要的是，徐州的山丘不高，岩石构造为寒武纪的鲕状灰石和石英质砂岩。石灰岩具有良好的加工性、磨光性和胶结性能，不溶于水，硬度在4～7度之间，为汉墓的建造和汉画像石的加工提供了优越的条件。从思想文化方面，徐州是中国早期思想的发源地之一，徐州方圆百里，儒家、墨家、先秦道家等都是在这一范围产生的，构成了中国古代思想文化的高地。

因此，汉代徐州一直是这个范围的政治中心、经济中心和文化中心。经济基础的雄厚就催生了上层建筑和意识形态的发展。徐州共有楚王、彭城王十八代，至于其荫封的王子侯孙、豪族世家就更多了。皇戚贵族生时恣意享乐、极尽其欲，死后则崇仰厚葬，视死如生，加之谶纬之风甚盛，多爱把自己所崇拜、爱慕的东西在墓中雕刻成画。两汉时期，徐州经济富庶、文化繁荣、人口众多、冶铁业发达、盛产石灰岩，为营造汉画像石墓提供了充足的石料来源。再加上这里靠近孔子孟子的出生地，儒家文化的忠孝观念深厚，属于墓葬文化的汉画像石便在这里产生、发展起来。徐州考古发掘的汉画像石墓有70余座，收藏汉画像石2500多块。

徐州的汉画像石能享有如此高的艺术成果，究其原因，有如下三方面：

第一、纵向的“海岱及淮惟徐州”，这是《尚书·禹贡》

对徐州作为华夏“九州”之一的最高认定。考古方面，据徐州境内的考古发现推定：在距今约一万年的新石器时期，徐州新沂北沟何山头就有人类刀耕火种、繁衍生息的物证；在邳州北部的大墩子遗址、刘林遗址及新沂花厅遗址均出土了距今5000～6000年前的彩陶器和鹿角锄、玉璧、玉琮等，这些艺术形式和商周时期的青铜器花纹图案，自远古朝代传承有序，绘画图案、雕塑技艺便传承给了汉画像石。

第二、横向的，两汉时期对外交流堪称一个高峰，不仅在当时成果丰硕，而且对后世影响深远，如西汉时期张骞出使西域和东汉班超出使西域，不仅是经济交流与贸易往来，更是推动了中外文化交流。汉代外来物种，动物类，诸如域外良马、狮子、犀牛、大象、孔雀、骆驼等；植物类，诸如葵花籽、土豆、胡萝卜、苤蓝、大麻、石榴、葡萄、番茄等；乐器类，诸如箜篌、羌笛、盘鼓、扬琴、琵琶、胡笳、钹等；还有一些杂技魔术等。这些舶来品，逐渐融入了汉代人的生活中，很多都出现在汉代墓葬的画像石中，也丰富了画像石的题材内容。

第三、汉代“和亲”政策的影响。西汉元封六年（前105年），汉朝把江都王刘建的女儿细君作为公主嫁与乌孙昆弥国王猎骄靡，后细君公主病逝。武帝太初四年（前101年），汉武帝又以楚王刘戊之孙女解忧为公主，嫁与军须靡。解忧公主从武帝太初四年（前101年）出塞，到宣帝甘露三年（前51年）回长安，在乌孙整整生活了50年。解忧公主，这位徐州走出去的女性，为了民族和谐与大汉王朝稳定，远嫁西域、和亲乌孙，使汉与乌孙结成牢不可破的同盟，共同打败匈奴，给西域带来较长时间的和平，为促进丝绸之路的畅通无阻，做出了不可磨灭的贡献，也是丝路的开拓者之一。同时，解忧公主也为汉朝与西域的文化交流做出来巨大贡献。她曾派遣女儿回汉学鼓琴，学成归乌孙途中，被龟兹王留下求婚，解忧公主同意了这门婚事。婚后，龟兹王来朝贺汉宣帝，宣帝赐“东骑旗鼓，歌唱数十人”。因此，汉代文化和意识形态方面有胡人形象、歌舞、音乐和建筑制造艺术等，也都普遍存在于徐州出土的汉画像石上。

三、徐州汉画像石外来文化的突出表达

（一）徐州汉画像石中的佛教文化

佛教传入中国，早在前汉末公元前2年。因为在前汉，自汉武帝（前156～前87年）以后，中国和印度的商路已经打通，因而佛学也随同商人输入中国。《三国志·魏志·东夷传》注引《魏略·西戎传》载：“昔汉哀帝元寿元年，博士弟子景卢受大月氏王使伊存口授《浮屠经》。”两汉之际，大月氏等国的不少佛教僧侣直接来中原传教译经，使佛经以口授的方式逐渐在中原地区传播，并引起当时社会的关注。从文献记载看，楚王刘英最早信奉佛教。《后汉书·西域传》记载：“楚王英始信其术，中国因此颇有奉其道者。”[1]据《后汉书·楚王英传》

[1]　《后汉书》卷88《西域传》，第2922页。

载："晚节更喜黄老，学为浮屠，斋戒祭祀"。永平八年（前65年），对刘英以缣赎罪之事，明帝下诏书说："楚王诵黄老之微言，尚浮屠之仁词，法斋三月，与神为哲。何嫌何疑，当有悔吝？其还赎，以助伊蒲塞·桑门之盛馔。"[1]并将诏书下达各封国，对刘英斋戒、奉佛、饭僧的宗教信仰予以褒奖。信奉佛教的楚王刘英从洛阳就国至徐州，徐州是佛教最早流行的地区，因此在徐州及其周边都发现了佛教题材的汉画像石。徐州汉画像石中，与佛教题材相关的图像内容主要是大象。东汉《杂譬喻经》卷上谓："昔雪山有白象王，身有六牙，生二万象。"六牙白象图像在早期佛经中逐渐为信徒所知，为"象中之宝""象王"。六牙白象背上人物无论是汉人抑或是胡人，都流露出浓郁的域外情趣，是早期佛教在徐州地区流行的重要证据。[2]

图 1　僧侣骑象画像石

徐州汉画像石艺术馆收藏的僧侣骑象画像石，纵0.85米、横0.33米、厚0.17米，原石下部残缺。竖幅，四周刻边框，框内画面分为上下两格。上格刻六个瑞兽，曼舞相戏。其下刻五人，头戴巾帻，衣着长袍，骑在大象背上，象有六牙，称六牙白象。下格残缺，仅存中间一熊与左右两人。（图1）

[1]　《后汉书》卷42《楚王刘英传》，第1428页。

[2]　朱浒《东汉徐州汉画中的佛教问题新探》，载《中国美术研究》2013年第4期。

图 2　伎人骑象画像石

徐州汉画像石艺术馆收藏的伎人骑象画像石。纵0.87米、横0.32米、厚0.19米。原石上部残缺。竖幅，四周刻边框。画面分上、中、下三格。上格刻两个瑞兽，翻转相对。中格刻一人，躺卧在象背上，右手托着面颊。象首坐一象奴，手持长钩。在象身下刻一鸟首。下格刻一枝叶茂盛的大树，树下有一人在喂牛。树上立三只鸟，树丛间有一鸟窝，窝内两只雏鸟正嗷嗷待哺。[1]（图2）

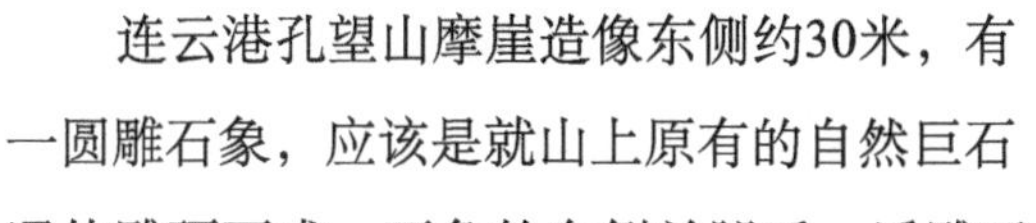

连云港孔望山摩崖造像东侧约30米，有一圆雕石象，应该是就山上原有的自然巨石通体雕琢而成。石象的东侧前腿后，浮雕了一个头束丁字型椎髻、右手持钩的象奴。这尊石象与摩崖造像的佛教题材有关。（图3）

图3　连云港孔望山石象

另外，徐州铜山区苗山东汉墓前室前壁门东石下方刻一白象，茅村汉墓前室北壁画像左侧为驭象者与骑骆驼者，洪楼汉墓祠堂有持钩驭六牙白象者，这些图像均可能与佛教有关。其他题材的与佛

[1]　杨孝军、郝利荣《徐州新发现的汉画像石》，载《文物》2007年第2期。

教有关的图像如十里铺东汉墓的中室横额上的狮面九头兽和裸体飞人形象、拉犁山汉墓藻井上的莲花图案、邳州八义集过满山汉画像石墓的圆雕力士门柱上的莲花纹饰等。

（二）徐州汉画像石中的斯基泰艺术元素

斯基泰艺术是草原艺术形式的代表，如前所述，这种艺术是随着北路（草原之路）上的中外交流传入中国的。斯基泰艺术风格，又称“动物风格”，是将动物做各种变形，很夸张地交织在一起，有极强的装饰效果。

汉画像石的某些动物形象也来自斯基泰民族或通过中介而从古希腊、西亚传到中国来，譬如山东、徐州、河南汉画像石中双头鹰（即共命鸟）为斯基泰民族所喜爱，其原形为西亚的双头鹫。值得注意的是羽人形象，疑为斯基泰民族的产物，或通过他们的中介而把古希腊、罗马的有翼天使引进来。翦伯赞在《秦汉史》中论述武氏祠时，就认为前室第二石、第十三石、后室第一石、第二石、第三石一二两层、第四石、第五石有可能与古希腊、罗马有关。“此类画像，特别是有翼天使的出现，显然不是中国古典艺术的传统，而是希腊、罗马的艺术在中国之变体，那些有翼的天使，可能就是希腊、罗马神话中的爱神受了变化以后的形象。”翦伯赞先生进而指出“天马、灵犀、狮子、三足乌、傅翼虎、一足牛、比翼双头鸟之类均为外来的图案。”

徐州汉画像石馆藏的9号石和10号石中的双头鹰，就是斯基泰文化的表现，这两幅双头鹰重点突出鹰的有力的翅膀

和尖锐的鹰爪。双头鹫的形成起源于西亚，为斯基泰民族所喜爱，随着丝绸之路由西向东传播，约公元2世纪传到中国。（图4）

图4　9号石和10号石中的双头鹰

东汉时期的徐州汉画像石中，出现了与传统动物图案完全不同的祥禽瑞兽，这种动物的四肢伸展，后肢反转弯曲，呈现出流动、力量感的动势，在布局安排上尽可能地填满整个空间。它们或独立行走，或互相撕咬格斗，形成了扭曲、旋卷、夸张、变形、交织在一起的装饰图案。[1]

2003年，徐州汉画像石艺术馆在贾汪地区发现东汉时期的画像石墓葬，其中的13和14号石就是这种斯基泰风格。

13号石，纵0.48、横2.66、厚0.32米。横幅，为翼龙、翼虎图。四周刻边框，其中上层边框内饰幔纹。下层框内刻四只翼龙、翼虎，相互戏斗。左起有一翼虎和一翼龙，相互噬咬；中部一翼虎右行，翻转身体，口衔左侧翼龙足；右为一只翼虎，左向奔来，张嘴噬咬。虎首下方穿插一只飞鸟，虎身后有两只玉兔，一上一下左向行走。（图5）

[1]　武利华《徐州汉画像石通论》，第308页，文化艺术出版社。

图5　13号石中的翼龙、翼虎图

14号石，纵0.48米、横2.57米、厚0.29米，原石右边残缺。横幅，为龙虎嬉戏图，四周刻边框，其中左边框内饰云纹。右边框内左起刻一熊，手持棍棒，回首蹲立，作咆哮状。[1]（图6）

图6　14号石中的龙虎嬉戏图

（三）徐州汉画像石中希腊、罗马建筑造型艺术的影响

中国古代传统的建筑以斗拱技术的木结构为主，而西方多采取的是拱券技术的石结构。拱券技术早在公元前4000年已在两河流域出现，后来被罗马建筑师发扬光大，影响了罗马时代以来的西方建筑。汉代工匠结合墓葬的结构特点，将拱券的半圆式优美造型应用于汉画像石墓中。

徐州汉画像石艺术馆收藏的墓室横梁，纵0.6米，横1.98米，厚0.3米，凿刻了两个拱形的门洞，下面有方柱支撑，门拱上雕

[1]　杨孝军、郝利荣《徐州新发现的汉画像石》，载《文物》2007年第2期。

刻有西域文化特征的熊、翼龙、翼虎，门柱闪雕刻有异域特色的叠罗汉。（图7）

图7　墓室横梁

东汉的汉画像石墓中开始使用有希腊、罗马风格的石柱，有别于中国传统的圆形柱和方形柱。徐州汉画像石墓中就反映出希腊、罗马建筑中柱子的特点。贾汪汉墓墓室中的石柱，刻有16条瓜棱，下有础，上有栌斗。拉犁山汉墓一号墓中的石柱也为瓜棱型。还有贾汪白集汉墓中的石柱为八角棱型，上刻栌斗。这些石柱的柱身为罗马式的多棱柱，柱础和栌斗都是中国柱子的传统样式，反映出中外文化相互影响的情景。

徐州市出土的汉画像石中，见于苑建中先生编的《汉画像石藏石》第101页中蹶张形象，人物四肢夸张，像钢琴腿的造型，健壮有力。（图8）又如山东沂南汉画像石墓中刻画的案几有了钢琴腿和束腰的效果。这些都吸纳了古罗马时代的建筑造型艺术风格。

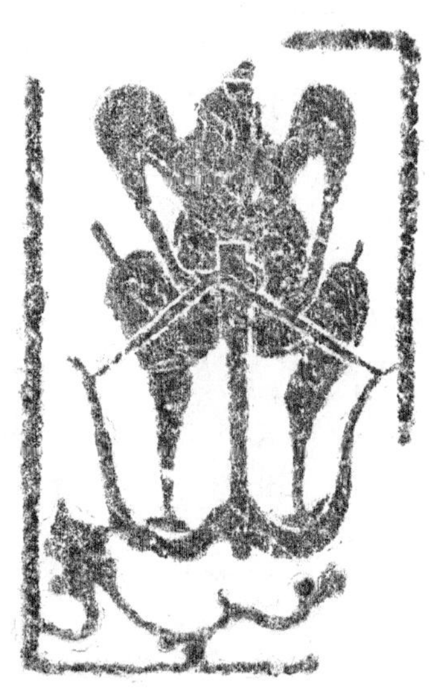

图8　蹶张图

（四）徐州汉画像石中的胡人形象

胡人，是中国古代对北方边地及西域各民族的称呼。汉代时外族的都称之为“胡”。汉画像石里，经常会看到“胡人”形象，高鼻深目，头戴尖帽，上着短衣，下穿长裤，穿长靴，做骑射状等。《后汉书·五行志》云：“灵帝好胡服、胡帐、胡床、胡坐、胡饭、胡箜篌、胡笛、胡舞。”汉代，沿着丝绸之路，数量庞大的胡人进入中国，他们融入了当时的庶民文化，也必然带来不少文化冲击，甚至对整个汉代社会都产生极其深远的影响。徐州出土的汉画像石有许多反映“胡人”的图像。

徐州地区及其所辖的铜山、睢宁、邳州、贾汪出土的汉画像石均有胡人图像出现。杨孝军先生在《四川文物》2009年第1期上发表的文章《江苏徐州出土的汉代陵墓石雕》介绍了徐州北部地区于2002年至2006年先后出土的一批汉代陵墓石雕，其中3号、11号、12号、13号石上雕刻了胡人图像。

图9 石蹲踞人像

3号石高45厘米、宽23厘米、厚28厘米。江苏邳州代庄散存。石蹲踞人像。人像呈蹲踞姿态；其头戴尖帽，袒胸露体，双膝曲蹲，一手伏膝，一手托着面颊呈蹲踞状。头顶左上、左下残缺。（图9）

11号石高110厘米、宽50厘米、厚47厘米。江苏徐州贾汪北部地区出土。墓柱。为胡人吹奏胡笳。墓柱前面上刻一胡人，身下刻一怪兽，胡人头部带着一顶尖尖的帽子、脸庞瘦削，高鼻深目，双手持胡笳竖吹。胡人蹲踞在怪兽背部，怪兽头部侧歪，张嘴正在撕咬一物，圆体短腿，也为坐姿，造型独特。（图10）

图 10　胡人吹奏胡笳

12号石纵110厘米、横83厘米、厚18厘米。江苏徐州贾汪北部地区出土。墓窗。正面为菱形窗户，一侧为胡人伎乐；上面刻三个上下相互叠压的圆雕人物，人物或蹲踞吹奏排箫，或蹲踞单臂上举，下刻一狮子，张口咆哮。（图11）

13号石纵98厘米、横104厘米、厚28厘米。墓窗。江苏邳州车夫山房村汉墓出土。正面为菱形透雕窗户，侧面上刻一头戴尖帽的胡人，在吹奏胡笳，下刻一鹿。（图12）

胡汉战争也是汉画像石中一个很重要的题材。徐州汉画像石馆藏的胡汉交战图，纵61厘米、横146厘米，浅浮雕。画面前有胡人七骑作仓皇逃窜状，边逃边回身弯弓后射，还有一骑胡人已从马上栽下，被已经追上的汉军士卒

图 11　胡人伎乐

图 12　尖帽胡人

割下头颅，另有一骑汉兵正在策马追赶胡人。（图13）

胡汉交战图，徐州汉画像石馆藏，纵35厘米、横62厘米，画面分三层，上刻胡汉交战，或格斗，或奔马厮杀，或落荒而逃，或被缚，或断头横尸；中间为车骑过桥图；桥下为捕鱼图。（图14）

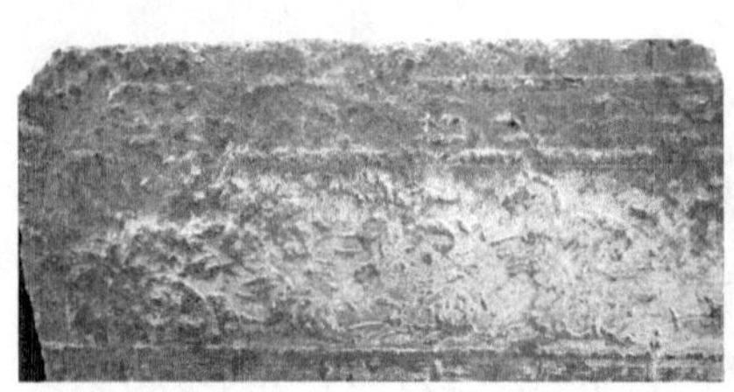

图13　胡汉交战图

图14　胡汉交战图

汉画像石中的胡人形象还有很多，诸如胡人饲马图、胡人射凤图、胡人蹶张图、胡人乐舞、杂要等。

四、汉代外来文化对中国文化的影响

汉画像石中的外来文化正是汉文化的开放性的表征。我们在探讨汉代外来文明中每一件事物的起源、传播与输入时，都应努力探讨其在汉代社会土壤上产生的影响和化合作用，观察其推动汉代社会进步中的效能。[1]

从历史的长河看，在人类社会发展中，世界各地区、各民族、各国家曾长期处于封闭的发展状态。中国的汉代地域性对外交流达到了高峰，丝绸之路的开拓为中外交流创造了有利条

[1] 石云涛《汉代外来文明研究》，中国社会科学院出版社，2017年。

件。汉画像石中的外来文化在汉代社会中化合生新了，融入了百姓生活中，改变了汉代人的生活方式，丰富了汉代文明，推动了汉代文化发展。

汉画像石上的外来文化印证了在汉代中国就接纳了世界先进的生产力和不同的文化。《后汉书·五行志》云："灵帝好胡服、胡帐、胡床、胡坐、胡饭、胡箜篌、胡笛、胡舞等。"不仅是皇家贵族，外来文化已深入百姓的生活。

在农业方面，水果蔬菜种植有石榴、苹果、葡萄、向日葵、土豆、胡萝卜等，在汉代中国的西部地区种植，后来逐渐推广到内地，普及到全国，通过品种的优化和改良，已成为中国现代农业的主流。

在建筑和家具制作方面，汉代发现了罗马柱，家具出现了钢琴腿的效果。在春秋时代木匠的祖师爷鲁班发明了斗拱技术，中国又接纳了罗马柱技术，丰富了中国原有方形柱和圆形柱的建筑技术，延续至今使中国古老的建筑技术更完美、更辉煌，家具的制作上也吸纳了古罗马的建筑艺术，如山东沂南汉画像石墓中刻画的案几有了钢琴腿和束腰的效果，现代实木家具的制作仍在延续。

在音乐、舞蹈艺术领域，汉画像石上的外来文化更多，乐器类如箜篌、盘鼓、胡笳、琵琶、钹等，至今仍沿用。古代乐曲《胡笳十八拍》等在汉代由西域传入内地。汉画像石上"总会仙倡"场景有很多胡人形象的杂技表演，来自西方胡人的舞蹈表演，在艺术方面都融入了外来文化并丰富了汉代中国文化。

在东汉晚期的画像石上胡人形象出现较多，为徐州汉画像石艺术馆藏双面人即典型的胡人形象，这说明在汉代人们已经认可胡人的形象为美的形象，高额、浓眉大眼、鼻梁高耸、嘴唇有棱角且皮肤白皙，延续至今已被现代社会作为美的标准整容，拉双眼皮、填充鼻梁、嘴角注硅胶等，按胡人的五官标准人工再造，溯其源流在汉画像石上均可找到，汉画像石上外来文化给我们的生活增添了情趣，给我们社会增加了风采。

汉画像石上的外来文化证明了中国从汉代就有了最早的“改革开放”，而丝绸之路是中国人第一次正式打开国门，走向世界。当今世界各种不稳定因素在增加，我们更应以开放包容的姿态，加强中外文化交流，增加彼此的认知，消除隔阂，促进和谐共处。

论项羽的人格精神

程芳银[1]

西楚霸王——项羽（前232～前202年），千古英雄，其一生充满传奇性及戏剧性，然而，在历史的尘埃中，有时也遮掩了这位盖世英雄的面目。不同的时代，不同的阶层，不同的人，对其有不同的看法和见解。尤其对于项羽的人格精神，更是众说纷纭。有人说项羽敢举义旗，三年灭秦，戏下分封，在政治上有着深远并且独特的见解；也有人说，鸿门宴上，放走刘邦，封王戏下，是妇人之仁，复古倒退，是政治上的鄙陋短见；有人说项羽是一个情感激烈、爱憎分明、正直坦荡而又非常自信的人；也有人说他性格残暴，好坏不分，狡黠滑贼，刚愎自用。韩兆琦教授在《史记博议》第六部分有关《项羽本纪》的剖析时就说“项羽是一个顶天立地的英雄，却同时也是一个鼠目寸光的庸人；有时有龙飞凤舞之雄姿，有时又愚蠢昏

[1]　程芳银，宿迁学院中文系教授。

庸的像一头驴子；有时宽厚仁慈，有时又暴戾凶残的令人发指……”[1]。到底真实的项羽是怎样的？其人格精神又如何？需要我们今天更客观地去看待，这也是本文写作的目的。

历史上有关项羽的文献，应首推司马迁的《项羽本纪》，《项羽本纪》是司马迁的一篇杰作，他透过对项羽一生经历的记述，不但真实地再现了秦汉之际风云变幻的历史画面，而且也成功地描绘了项羽这一历史人物的典型性格，显现了他传诵千古的人格魅力、人格精神。实际上，历史是作为一种书写，不只是留在典籍里，而是活在今天人们的心中。克罗齐说“一切历史都是当代史”，这是有道理的。我们不能去篡改历史或者演绎历史，而是在典籍规范中寻求一种新的解读，一个更加真实的解读。

项羽的人格精神，在《项羽本纪》中，我们可以很强烈地感受到他高洁的气质，鲜明的个性和高尚的追求。项羽张扬了一种高贵的人格精神，一种为世俗所不容的个人原则和价值取向，一匹乌骓，一把青锋剑，一个虞姬；吴中举义、诛杀宋义、巨鹿之战、鸿门之宴、奔袭彭城，鸿沟分界、垓下之围、霸王别姬、自刎乌江……不管你赞成不赞成他，历史上的霸王项羽总让人咏叹不绝。在大多人的心目中，霸王项羽是以一代枭雄的威猛形象出现的，实际上，项羽“才气过人”“胆略过人”“眼光过人”。

第一，项羽不仅身“长八尺余，力能扛鼎”，且“才气过人”。《史记》载：“项籍少时，学书不成，去学剑，又不

[1]　韩兆琦《史记博议》，文津出版社，1984年。

成，项梁怒之。籍曰：‘书足以记名姓而已，剑一人敌，不足学，学万人敌。’于是项梁乃教籍兵法。籍大喜，略知其意，又不肯竟学。”通过这一段文字，有人认为透露出项羽急躁，不耐烦的个性，学不专心，但也同时可看出他具有十分强烈的企图心，而这个潜在的因子影响到他后来霸业的维持。魏聪祺在其文章《析论项羽略知其意，又不肯竟学》里不否认项羽的性格确实隐藏着失败的结果，但对于“略知其意，又不肯竟学”这句话，他提出不同的见解，在他的推论中项羽其实是一个禀赋优异，能闻一知十，触类旁通的人，绝非只是一个空有武力的莽夫而已。魏先生的看法是有道理的，这正体现了项羽的天才禀赋。从项羽的用兵打仗来看，他确实禀赋优异。项羽自已也说“吾起兵至今八岁矣，身七十余战，所当者破，所击者服，未尝败北，遂霸有天下。”（司马迁《史记·本纪》）。他说的不是虚假的，确实是真的，比如，奔袭彭城，他仅用三万精兵，就打败了刘邦“五诸侯兵，凡五十六万人。”（司马迁《史记·本纪》）。项羽用兵如神，勇猛固其一，但天才的禀赋，充满着人格的魅力，故人称其为战神。

第二，举义江东，敢为人先的创新精神。前209年7月，陈胜等起兵大泽，9月项羽继陈胜之后，杀了会稽守殷通起事反秦。项羽率八千江东子弟渡江而西，是时陈胜已败亡，项羽渡江反秦，实属受命于败军之际，战秦嘉，拔襄城，大破秦军于东阿，收濮阳，斩李由，杀宋义，引军渡河，直奔秦军的主力，九战，绝其甬道，大破之，杀苏角，虏王离。直逼章邯，章邯归顺，项军实力大增，于是他带兵西进，一路上所向披靡，势如破竹，秦王朝很快灭亡……正如太史公所说：“羽非有尺寸，乘势起陇亩之中，三年，遂将五诸侯灭秦，分裂天下，而封王侯，政由羽出，号为‘霸王’，位虽不终，近古以来未尝有也。”（司马迁《史记·本纪》）。实际上，他举义江东之后，就以“楚虽三户，亡秦必楚”的决心，以灭秦为己任。特别在救赵之时，据《史记》载，卿子冠军宋义，行至安阳，留四十六日不进。终日饮酒高会，士卒冻饥。项羽义正词严曰：“将戮力而攻秦，久留不行。今岁饥民贫，士卒食芋菽，军无见粮，乃饮酒高会，不引兵渡河因赵食，与赵并力攻秦，乃曰：‘承其敝’。夫以秦之强，攻新造之赵，其势必举赵。赵举而秦强，何敝之承！且国兵新破，王坐不安席，扫境内而专属于将军，国家安危，在此一举。今不恤士卒而徇其私，非社稷之臣！”项羽于是斩杀宋义，出令军中曰：“宋义与齐谋反楚，楚王阴令羽诛之。”当是时，诸将皆慑服，莫敢枝梧，皆曰：“首立楚者，将军家也。今将军诛乱。”乃相与共立羽为假上将军。使桓楚报命于怀王。怀王因使项羽为上将军。当阳君、蒲将军皆属项羽。项羽杀宋义，威震楚国，名闻诸侯。谁有此胆量，谁有此气度，谁敢为人先，那只有项羽。攻击项羽的人，说他残暴、嗜杀，攻击他的人，那肯定是袖手观望，火中取栗的看客，是不思进取，不以国事为重的混混。

第三，破釜沉舟，义无反顾的无畏精神。巨鹿之战最能体现项羽这种无畏的人格精神。项羽到巨鹿后就开始谋划对秦军的殊死搏斗，在他面前的是种种不利，首先对手的实力异常强大，在巨鹿驻扎着两支秦军。一支是由秦之名将蒙恬打造的边防军，这支军队久经沙场，曾击败北方匈奴，立下赫赫战功，带领他们的是当年蒙恬的副手战功赫赫的大将王离，这支大军负责围巨鹿，兵力大都认为是二十多万。另一支是多次围剿诸侯义军的部队，章邯带领，也在二十多万。项羽要面对的对手是四十多万精锐的秦朝正规军，而将领都是一代名将。且项羽的军队组成很复杂，一般都认为项羽军队的人数在五六万之间。其中先锋两万，《史记》明载是英布、蒲将军的军队。其余的就是项羽的主力三四万。实力相比，相对较弱。且项羽处于一个没有任何外援，没有任何退路的地方。秦军战败，可以逃跑。而项羽战败就是灭亡。粮草更是问题。巨鹿随时为秦军破。各路诸侯援军都知道天下之势在此一举，但是由于兵少将寡，各怀异心，谁都不愿意把自己赔进去。所以不能指望诸侯援军。但天才不愧是天才，项羽立刻就发现秦军的弱点——秦军布局是王离军围巨鹿，章邯军驻扎其南，一边筑甬道输之粟，一边随时对救助巨鹿的援军打击，这支军队像两只虎钳，牢牢地盯死猎物，而弱点就在两钳之间的心脏。项羽要直接实施黑虎掏心战略，只有切断两只虎钳的联系，集中力量攻击其一，才有希望获胜。为了得到更多的情报，让秦军露出破绽，项羽先派英布、蒲将军带上他们的两万人马渡河进攻秦军甬道。英布、蒲将军不负所望，击败看守甬道的秦军。从这场小胜利，项羽看到秦军的问题所在——甬道虚弱，且章邯军疲惫不堪，决定抓住时机，全军进攻秦军，这个时候陈余又派人向项羽请战，项羽同意了。正好让陈余做出救赵的姿态吸引王离军的注意。项羽带着剩余的主力部队，全部渡河。在渡河之后，项羽随即破釜沉舟，以表示不战胜毋宁死的大无畏精神。这里充分体现了项羽的战略眼光和大无畏的决断力，项羽充分运用了“陷之死地而后生，置之亡地而后存”的原则，把一支向心力不足的军队拧成一根绳，只有一起向前冲打败秦军才有活路。在项羽的带领下，楚兵的求战欲望高涨！项羽不但要以劣势兵力击败秦军，还要用三天时间击败秦军！如果三天之内不能灭掉秦军夺取粮草，就算击败秦军还是一个死字！结果真的击败了秦军，这就是历史上有名的巨鹿之战。这是一次具有决定性意义的大战，它不仅一下击垮了秦军的主力，扭转了整个战争的格局，奠定了秦朝灭亡的基础；此战过后，项羽被一致推举为“诸侯上将军”，一举成为反秦阵营中叱咤风云的英雄和领袖。项羽最终打败秦军的主要原因在于其决心和勇气，这种破釜沉舟的决心和勇气不仅大大鼓舞了楚军的士气，激发了他们的战斗力，同时也极大地震慑了秦军，使他们闻风丧胆。面对强敌的挑战和困难以及战斗的挫折，就必须有沉着应对并有战胜它们的决心和勇气。只有这样，才能充分激发潜能，获得强大的精神力量，并直接激发出超常行动。

第四，霸王别姬，生死相恋的情爱绝唱。汉军兵围垓下，项羽平生第一次陷入了真正的重重包围之中。兵无粮，马无草，外无援军。垓下乃弹丸之地，且为平原，无险可守，不能打持久的坚守战。《史记》记载：“项王乃悲歌慷慨，自为诗曰：‘力拔山兮气盖世，时不利兮骓不逝。骓不逝兮可奈何，虞兮虞兮奈若何！’歌数阕，美人和之。项王泣数行下，左右皆泣，莫能仰视。”《楚汉春秋》说虞姬和的歌是：“汉兵已略地，四方楚歌声。大王意气尽，贱妾何聊生。”二人一唱一和。在英雄的困境里，项羽想到的不是个人的安危和生死，想到的不是怎样逃命，而是万分怜惜相濡以沫的妻子，有此知己，死又何憾？虞姬为了让他安心突围，趁霸王转身的一瞬间，她拔剑自刎。所以霸王别姬，表达了人格内涵中的悲剧意蕴，朱光潜说：“悲剧人物一般都有非凡的力量，坚强的意志和不屈不挠的精神，他们常常代表某种力量或理想，并以超人的坚决和毅力把它们坚持到底。”《霸王歌行》导演王晓鹰也说：“在中国传统戏剧文化中，真正具有悲剧意义也最打动我的有两个形象，一个是救孤的程婴，另一个就是别姬的霸王。项羽不同于程婴，不那么惨烈，却更壮丽。”项羽虞姬相得益彰，有了虞姬的出现，才更突出项羽这个盖世的大英雄，无情未必真丈夫，有了他们的相爱，才更显得项羽是个为挽救秦末天下百姓的匡世英雄。今天演绎这个2000多年前的悲剧人物、浪漫故事之所以还有意义，在于活在我们历史中的项羽能让我们意识到拥有一个属于自己的精神家园是多么重要。

第五，自刎乌江，视死如归的刚勇精神。汉军几十万人马围困重重，天才的战神竟神不知鬼不觉地带领八百多骑兵冲出重围，一路杀到乌江，天明汉军才发觉，若不是田父误指错道，汉军是无法追及的。《史记》有载，在乌江边上，乌江亭长檥船以待，告诉项羽：“江东虽小，地方千里，众数十万人，亦足王也。愿大王急渡。今独臣有船，汉军至，无以渡。”项王笑曰：“天之亡我，我何渡为！且籍与江东子弟八千人渡江而西，今无一人还，纵江东父兄怜而王我，我何面目见之？纵彼不言，籍独不愧于心乎？”乃谓亭长曰：“吾知公长者。吾骑此马五岁，所当无敌，尝一日行千里，不忍杀之，以赐公。”转身又杀汉军数百人，后“自刎而死。”有人认为项羽应该渡过乌江，忍耻含辱，争取卷土重来。杜牧《题乌江亭》诗就做如是说：“胜败兵家未可期，包羞忍辱是男儿。江东子弟多才俊，卷土重来未可知。”如果包羞忍辱渡过乌江，那便不是盖世英雄项羽了。还是宋代的女诗人李清照理解他：“生当作人杰，死亦为鬼雄，至今思项羽，不肯过江东。”1939年4月8日在延安“抗大”的一次演讲中，毛泽东谈到了项羽。他说：“项羽是有名的英雄，他在没有办法的时候自杀，也比汪精卫、张国焘好得多。从前有个人作了一首诗，问他你为什么要自杀，可以到江东再去招八千子弟兵来打天下，我们要学项羽的英雄气节，但不自杀，要干到底。”这是推崇项羽的人格境界而批评他的人格意志。实际上项羽的人格意志也是非常坚韧的，只不过他是用自刎来体现的。面对乌江亭长可以渡他江东逃生，他是笑着说出了“无颜见江东父老”的一番话的，司马迁用这个“笑”字，把战神项羽死前一刻的神态，写活了，也写神了。谁能笑着面对死亡？不是视死如归的人，哪来这样的襟怀！这样才是真正的项羽，也才是真实的项羽。

没有任何人可以阻挡他当皇帝，他偏偏要让焚烧秦宫室的冲天火光照亮他东归的大道；他面对仓皇逃窜的敌人却恪守军人“穷寇勿追”的高贵原则，宁可给后人留下笑柄；他在鸿门宴上收剑入鞘只因为他不喜欢用阴谋杀死他想杀的对手；他崇尚宁折不弯，尊严至上，对“忍耻受辱”“能屈能伸”不予理会。盖世英雄项羽他不需要别人的怜悯，毫不畏惧。说他负气也好，真性情也罢，他就是不让别人操纵他的命运，因此他以那样悲壮的方式为生命画下句号，留下无限的感慨，他有一种让贪生怕死之人为之汗颜的人格力量。

综观项羽一生，可以发现他是个个性再直率不过的人，他一生中几乎不用心机，总是直来直往，快言快语，速战速决。但这样的项羽一碰上善于掩饰自己情绪的刘邦，最后还是要吃亏的。刘邦太会演戏了，必要时，他可以不顾一切放下身份，像鸿门宴时的卑屈；他可以虚情假意，与韩王送往迎来；到了汉中，他可以隐藏自己的本意，“财物无所取，妇女无所幸”。和项羽光明磊落的行为比起来，刘邦的行径是相当令人不齿的，他要心机，玩手段，他能屈能伸，他的“曲”是——压抑，隐忍，掩饰，甚至是完全的表里不一，人们永远无法猜到刘邦脑子里打的是怎样的算盘；但项羽在想些什么，他的部下乃至敌人可是一清二楚的。因此刘邦宁可让人耻笑，也不让自己暴露在危险之中。

项羽的人格精神是美的，他的天才禀赋，他的创新精神，他的无畏精神，他的情爱观，他的刚勇精神，两千多年来一直令人思索，令人感慨。尤其是在改革开放、科学发展的今天，尤为重要。我们的发展需要有大刀阔斧、敢为人先的创新的志气，需要有纵横决荡、破釜沉舟的锐气，需要有义无反顾、无怨无悔的勇气，需要有真抓实干、敢于硬碰硬的胆气，这是我们今天的宝贵财富。

项羽在汉文化形成过程中的作用

范　薇[1]　李春雷[2]

项羽是秦汉两个王朝更迭之间诞生的一代帝王，由于在位时间仅有四年，所以他在历史长河中的作用往往被有意忽视。然而秦汉之交正处于中国文明史从奴隶制社会向封建社会过渡的关键时期，从小国寡民发展到大一统的拥有广袤疆土的帝国王朝的重要阶段，汉以后，中华文明的各个层面全面定型，仔细审视定型前的楚汉之争，项羽对汉文化的形成起到了重要的淬火作用。

一

楚国疆土辽阔，核心统治区在长江以南，巴蜀以东的几乎整个南部中国，北部的边疆与中原接壤，汉文化的形成可以看

[1]　范薇，徐州市云龙区文化旅游局助理馆员。

[2]　李春雷，徐州市非遗博物馆馆长，副研究馆员。

成是由南部八百年楚国文明与北部中原文化相互作用相互交融而诞生的，在整个过程中，以刘邦、项羽为代表的楚国南蛮、东夷文化深刻地影响了中原地区的传统文明。

项羽从秦二世元年（前209年）开始登上政治舞台，到前202年战败后在乌江自刎，前后八年时间纵横驰骋于大江南北，势力影响遍及各地。从他的运动轨迹看，项羽很少在一个地方连续待一年。

前209年吴中起兵后，于前208年在彭城即今天的徐州四周清剿秦朝主力；前207年由徐州北上，在山东河北一带与章邯决战，消灭秦军主力后挥师向西，经河南入陕西，到达秦都城咸阳，前206年回徐州，分封诸侯，自封西楚霸王。

从前206年开始长达四年的楚汉之争，这期间项羽领兵在山东、河北、河南、江苏、安徽之间疲于奔命，如果说灭秦之战只是对沿线的人民带来了楚文化的影响，楚汉之战则加强了这样的影响力。定都彭城之后，常山王张耳与陈余内讧，三齐王纷争，项羽首先出兵山东河北，平定叛乱，前205年刘邦从汉中出兵攻下彭城，项羽回兵击败刘邦并追击到河南，并在此拉锯战。近三年的征战虽然项羽攻无不克战无不胜，但是始终找不到一条长久稳定的和平之策，最终以鸿沟为界与刘邦议和，但刘邦很快毁约，韩信从北线，刘邦从西线，彭越、英布等从南线将项羽合围在彭城，用十面埋伏之计击溃项羽，前202年项羽兵败，自刎于乌江，刘邦称帝，楚汉之争结束。

中国文明自周王朝分封天下开始，虽然形式上是一个统一的国家，根源上是个松散的政治联盟，特别是春秋战国时期，区域性的文化自成体系。秦统一帝国建立后，虽然用强权推行车同轨，书同文，但是东方六国的余韵犹在，甚至在很多地区对秦文化是抵触的，并且因为国祚短暂，秦文化对东方的影响力虽然有，但是有限，而项羽的战争轨迹所带来的楚文化的影响却是巨大的，它首先填补了六国失去了核心文化、秦文化又未能产生巨大影响力之间的空白，其次在广泛的区域内，由于抵触秦文化以及对楚文化的吸纳，客观上为汉文化的定型奠定了良好的基础。从这个意义上说，项羽对汉文化的形成起到了积极的促进作用。

二

我们都知道汉承秦制，但这主要体现在政治制度和经济制度的继承上，而文化方面，历史研究者公认“汉承楚绪”，楚文化对汉文化的影响体现在很多方面。

首先，在汉代初年统治理论的基础是黄老之学，儒家理论的盛行是汉武帝后期罢黜百家独尊儒术后才开始兴盛的。而黄老之学的发源地就是楚国，老子原为楚人，《老子》一书是产生于楚地，具有鲜明楚文化特色的哲学著作，他最主要的是强调无为而治，高祖刘邦、惠帝、吕后都以休养生息的治国理念为主，萧规曹随就是最明显的体现，汉文帝更是将无为而治的理念发挥到极致，这固然是受到连年战争人民对安定祥和生活的渴望，但是从另一个侧面表明了楚文化的深刻影响。

其次，楚文化的影响力根深蒂固。湖北云梦睡虎地十一号秦墓出土的秦简《语书》载："古者民各有乡俗，……今法令已布，闻吏民犯法为间私者不止，私好乡俗之心不变，自从令、丞以下知而弗举论，是即明避主之明法也。"乡俗是文化传统的表现之一，楚国北部被秦国占领后设南郡，至《语书》颁行已历半个世纪，但楚人依然乡俗不易，致使官方毫无办法，这充分说明了楚文化的传统未被秦所摧毁，并沿袭到汉代。

第三，楚文化对汉文化的影响力在文学艺术方面体现得尤为突出。霸王别姬时的《垓下歌》，刘邦的《大风歌》，武帝的《秋风辞》等二十余首有代表性的楚声诗歌（楚歌）从西汉延续到东汉，全面反映出汉代诗坛的风貌。文坛方面，汉代占主要地位的文学表现形式是辞赋，即汉赋，它的繁荣兴盛，重要原因之一是汉代承袭了楚文化。与汉赋盛行的同时，汉代还出现了一批从内容、语言、风格都模拟屈原的拟骚诗，比如贾谊的《惜誓》《鹏鸟赋》，后期甚至出现连篇名都相似的《九叹》《九思》，这都是汉代文化继承楚文化的表现。

楚文化对汉文化的影响还表现在语言、服饰、饮食、建筑、玉雕、青铜文化、墓葬、民风民俗等等许多方面，所有这些元素被汉代统治者继承并发扬光大，为汉文化的兴起提供了丰富的营养和宝贵的素材。

三

项羽对汉文化形成的影响除了体现在战争轨迹、统治区域和楚文化的覆盖面之外，还有个重要作用就是作为一个史诗级的英雄传奇，放大了楚文化的渗透力。

项羽的先祖项燕是楚国名动天下的战将，在七雄争霸天下的过程中，项燕多次成功狙击了秦国，最终战败于王翦后，“楚人怜之”，陈胜吴广起义的时候，就是假借项燕的名号起兵的，即便是假借的名义，却有着巨大的号召力，“天下响应”，等到项梁项羽横空出世，巨鹿一战，威震天下，南面称王，这个时候的项羽已经凭借一己之力把楚文化的影响力辐射到全国。

项羽“重瞳”，与传说中的舜有着一样的特征，又“力能扛鼎”，是秦末汉初的战神，与虞姬诀别体现了英雄情义，乌江自刎体现了英雄豪情，鸿门宴、楚河汉界体现了战争之外的柔情。项羽虽然没有赢得天下，却赢得了天下人的敬仰，正因为如此，项羽所代表的楚文化深入民间，并影响着人们的一言一行，如果没有项羽为代表的楚国英雄在秦末汉初的政治舞台上叱咤风云，楚文化即使再优秀，也有可能在漫漫历史长河中湮灭，就如同我们所熟悉的三星堆文明、燕赵文化、草原文化一样，或者不能产生深远的影响力。

汉文化的形成有着多种复杂的因素，是统一的多民族的各种文化融合、互相促进的结果。但不可否认的是，在汉文化形成的过程中，项羽作为那个时代最有影响力的人物之一，对汉文化的形成起到了多重的全面的影响，对他所起的作用，还有待于进一步深入地研究。

徐州西汉楚国王陵的历史之谜

赵　敏[1]

当代社会的发展一日千里，现代化程度不断提高，神秘仿佛与偏僻蛮荒联系在一起。地处交通便利、人口密集的徐淮大地，人类的活动充盈了每一个角落，神秘几乎没有容身之地，但是隐藏在茫茫群山之中的西汉楚国王陵，以其形制的独特、历史的悠远，显得神秘而又不可捉摸。尤其是诸多待解的历史之谜，如同层峦叠嶂一般，掩盖了楚国王陵的真实面貌，吸引了好奇的游人纷至沓来。如今徐州的西汉楚国王陵早已闻名遐迩，当美国电视台环球探索栏目摄制的《不朽之谜——徐州汉墓》向全球播出时，更是吸引了世界各地人们的关注。徐州西汉楚国王陵的这些墓葬中蕴藏着许多待解的历史之谜。

一、墓主之谜

前206年，刘邦推翻秦王朝，建立西汉政权后，封其弟刘交

---

[1]　赵敏，徐州市博物馆馆员。

为第一代楚国国王，自此以后子孙世代相传，中间支系虽有变化，但皆为刘氏宗室，延续至十二代终结。按照汉制，诸侯有封地者，死后葬于封地，这样在古彭大地上就留存十二位楚王的陵墓。到目前为止，考古工作者运用先进的调查勘探技术，已发现发掘八处楚王墓葬，它们分别是：狮子山汉墓、北洞山汉墓、驮篮山汉墓、卧牛山汉墓、龟山汉墓、东洞山汉墓、南洞山汉墓、楚王山汉墓。遗憾的是，这些陵墓中除龟山汉墓出土表明身份的印章，其余陵墓皆经多次盗掘，有的甚至是空墓一座，更没有发现证明墓主身份的遗物。多年来，学者们为了弄清楚墓主问题，结合墓葬形制和出土的随葬器物，进行深入细致的研究，发表相关文章100余篇，但是时至今日，墓主归属问题依然不清晰，楚王与发现的陵墓之间没有建立对应关系，除龟山之外，学者们对任何一座墓葬的墓主都有两种以上的观点，譬如对于北洞山楚王墓墓主问题，学者们一致争论不休，目前存在一代到五代的五种观点，因此一座座楚王陵墓虽然已经发掘，但是墓主究竟是哪一代楚王，却仍然是悬而未决的历史之谜。

二、形制之谜

徐州西汉楚王陵墓一般一山一二墓居多，营建方法是选择山腰或山脚对着山头横向山体内开凿，在山腹内修筑墓室。此种“依山为陵”的独特埋葬方式，在考古学上称为横穴崖洞墓，墓葬面积巨大，一般均在100平方米以上，大者达700余平方米，相当于今天七个三居室的住房，洞室数量众多，最多者达21间，各室大小不一，功能各异，既有供楚王饮食起居的厨房、寝宫、厕所、浴间，又有供楚王休闲娱乐的歌舞场所，宛若一座修在地下的宫殿（图1）。研究表明，这种形制的墓葬仅流行于西汉一代，且呈现以徐州为中心的分布特点，但是这种独特形制产生原因，却成为专家也难以破译的历史之谜。虽然史书记载“汉承秦制”，但西汉楚王却并没有像“奋万世之余烈”的始皇帝那样，营建高大坟丘，而是突然改变方法，采用“依山为陵”的独特埋葬方式，难道真的是出于节俭的需要吗？可是即使遭到盗掘的狮子山楚王陵也出土了两千余件精美文物，事实表明这种葬制并不节俭。至于这种形制的墓葬前身是由何发展而来，消失的原因是什么？结果更是不得而知。

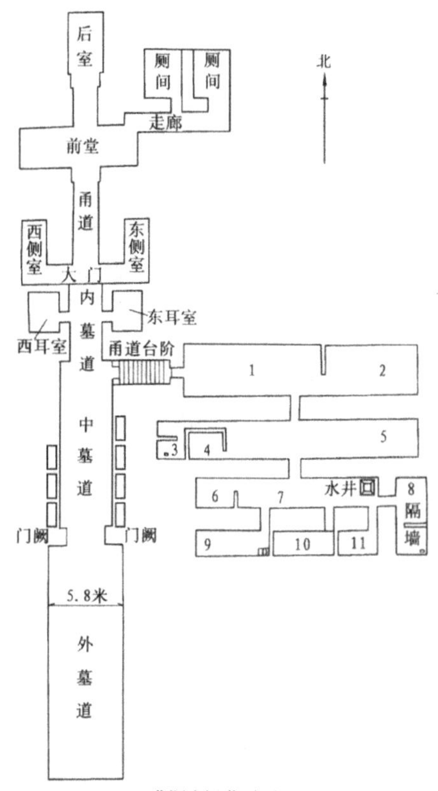

北洞山汉墓平面图
1. 侍卫室　2. 库房　3. 厕间　4. 更衣室　5. 宴饮乐舞室
6. 仓房　7、9、11. 厨房　8. 柴房、厕间　10. 凌阴

图1　西汉楚国王陵平面图

三、开凿之谜

营建于山腹中的楚王陵墓，几乎掏空了整个山体，庞大的规模十分惊人。这种形制的墓葬开凿时作业面狭窄，仅能容少许人施工，据研究人员估算，如果每人每天开凿0.5立方米，像狮子山这样的墓葬就需要耗时14年以上，而且这类墓葬在开凿出轮廓后，多又进行二次加工，细致打磨四壁，犹如今天室内的装潢，驮篮山楚王墓壁面光洁地简直如同大理石平面，开凿这样的一座墓葬，可谓费时费力。然而问题是，有的楚王在位时间仅仅三年五载，如此之短的时间，古人是怎么开凿出如此壮观的墓室呢？实在是不可思议。尤其令人惊奇的是龟山汉墓的两条甬道，现代人用高科技技术探测表明，两者几乎平行，如果把两条甬道向西延伸，要到2000千米外的西安才能相交，可以说是世界上打磨精度最高的甬道（图2）。如此精确的甬道，没有现代化的施工器械，古代人是怎么开凿的呢？在开凿的过程中，又是如何测量和控制尺度的呢？不同学科的专家做出种种猜测，到目前为止，未形成统一结论。古人的方法肯定是十分简单而又聪明的，也许讨论这个问题，我们应该换一个角度。

图2　龟山汉墓甬道

四、封石之谜

楚王陵墓均设置有巨大塞石封堵于墓道和甬道，塞石一般长2～3米，宽、高1米左右，重达6～7吨，呈“田”字或“日”字形排列（图3），有的塞石多达4列，前后首尾相接，上下榫卯相连，彼此之间缝隙很小，可谓刀插不进、水泼不入。这些塞石与墓葬所在山体的石质不同，显然不是就地取材，塞石来源问题一直是未解之谜。直到2004年在博物馆西侧发现汉代采石场后，采石场内有巨大的塞石毛坯以及开采后留下的凹槽，其尺寸规模与楚王陵墓的塞石相当，学者们才知道王陵塞石开采于何处。巨大封石来源问题清晰了，但更大的问题又来了，这些巨大封石是如何运输的呢？即使今天考古工作者发掘时，动用现代化的起重机械，也费尽九牛二虎之力，可是2000年前的汉代先民是怎样将巨石运到山上，又严丝合缝放置于墓道的呢？有人设想冬天时泼水成冰，将巨石滑运到墓道，但考古工作者在龟山汉墓中发现大量的枣、桃、梅、杏的果核，说明墓主人入葬时间为夏秋之际，冰运说无法成立。还有人认为用黄豆煮熟晒干，撒在巨石上作为滚珠，惜无痕迹可寻。聪明的造墓人，在墓道修好，墓主葬入后，又为后人留下一道难解的历史之谜。

图3　楚王陵墓石材

五、盗掘之谜

汉代人“事死如生”，修建巨大的陵墓仅仅是厚葬的前奏，待墓室造好墓主葬入后，还要随葬大量的金银财宝，据文献记载：“（茂陵）多藏金钱财物，鸟兽鱼鳖牛马豺生禽，凡百十物，尽瘗藏之，”乃至武帝死时，“陵中不复容物”，厚葬之烈，可见一斑，楚国王陵自不例外。如前文所述，徐州的西汉楚王陵墓多以“洞山”为名，其称谓说明这些墓葬早年已被盗掘一空，但已遭盗掘的狮子山楚王陵，1995年考古发掘出土的孑遗文物也令世人惊叹不已。为了防止精美的随葬品遭到盗掘，造墓人设计出种种防盗设施，墓内用不同的材料和方法封堵墓门和墓道，譬如北洞山汉墓封门时，巧妙利用杠杆原理，将一铜质封门器悬置门后，封门器上头翘起，下端低垂，一旦大门关闭，铜块由于自重，下端抵入石槽，上端顶住门扉，自动将门顶死，后人除非破门，否则万难进入（图4）。墓门关闭后，在墓道上又用重达七八吨的巨石封堵，最后还要用乱石和泥土覆盖墓口，伪装得如同山体一般，除造墓者本人外，一般人轻易不能发现。密封严堵的楚国王陵，简直如同铜

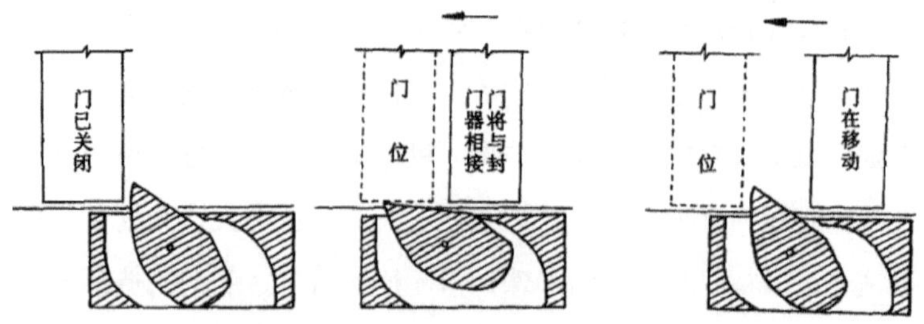

图4　北洞山汉墓石封运行分解图

墙铁壁一般，费尽心机的楚王，至此以为万无一失，可以永远高枕无忧了。

然而正所谓“道高一尺，魔高一丈”，王陵塞石虽然坚固，却挡不住盗墓者贪婪的脚步；连绵群山伪装的虽然巧妙，却躲不过盗墓者狡猾的眼睛，具有复杂防盗设施的楚国王陵，最后还是不可避免地被盗掘了。“使其中有可欲，虽固南山犹有隙”，汉人张释之对厚葬之弊的认识是何等深刻，说破千古人情不变的嘴脸。正是墓内随葬的精美器物，才大大刺激了盗墓者铤而走险。可以说，随着墓主的葬人，疯狂的盗墓便再也没有停止过，尤其是兵荒马乱的年月，王朝更替的间隙，原本偷偷摸摸的盗墓行径遂演变成明火执仗般的劫掠。目前所发掘的楚王陵墓无一不被盗掘的事实，深深触动了考古工作者的神经，究竟是未被斩尽杀绝的造墓人走漏了风声，还是楚王身边负责监督的官员泄露了秘密，留下进入墓室路线的藏宝图，已不得而知，反正苦心孤诣的楚王，企图利用山川为自己营建安“死”之所的愿望落空了，唯留下一座“空空如也”的地宫，幽幽的洞口若隐若现，给人以不尽的遐想和无穷的诱惑，成为今天人们寻古觅奇的必游之所。

神秘的西汉楚国王陵，同西安秦始皇兵马俑一起，成为陇海路上东西两颗遥相呼应的明珠，赢得了海内外游人的广泛赞誉，到徐州看中国汉墓，已成为越来越多人们的共识。有兴趣的朋友，您在参观之余，不妨也随考古学者一起来破译这横亘千年的历史之谜，我们相信，随着时间的推移，终有一天会揭开西汉楚国王陵的神秘面纱……。

汉代新型合葬墓出现的见证

——徐州龟山汉墓“壶形门”之谜探析

贺国娟[1]

去过徐州龟山汉墓（图1）的人们，对龟山汉墓中间的一道“壶形门”都不陌生，但是对于壶形门作用及真实意义，却很少有人能说清楚。

图1 徐州龟山汉墓

[1] 贺国娟，徐州汉文化景区管理处馆员。

有人说是盗墓者为了避开南墓道的巨大塞石而挖掘的盗洞，然而这实在是一个经不起推敲的解释，开挖盗洞目的是为便于盗墓者进入墓室，如果是盗洞，只需掏一个单人能够爬进的圆形洞即可，没必要凿成一人多高的如此规整的“门形通道”。现实的壶形门高1.8米、宽1.1米、进深0.8米（图2），且为了美观，还进行二次加工打磨，与盗洞的情况显然不符合。导游小姐则介绍说“壶形门”是“寻夫门”，大意是男主人先死葬入南墓室，女主人后死葬入北墓室，两墓之间开一道门，便于妻子进入南墓室与丈夫相见。然而，此种观点没有任何文献记载能够佐证。

图2　龟山汉墓“壶形门”

两种解释，观点截然相反，前者是缺乏科学依据的主观推断，后者则是为了吸引游客而随心所欲的杜撰，令听者不知所从，龟山汉墓“壶形门”成因仿佛成了历史之谜。龟山汉墓的管理部门为了揭开谜底，甚至还悬赏征集答案，但迄今为止尚未有令人信服的结论。要想搞清楚其真正成因，还需从中国墓葬发展史说起。

夫妻合葬是中国古代普遍实行的一种重要的丧葬制度，发展到汉代，夫妻合葬的类型较为复杂，既有同穴合葬又有异穴合葬，同穴合葬非常好理解，即夫妻共同葬在一个墓穴中。异穴合葬则有异穴异坟和异穴同坟两种情况，异穴异坟基本特征是夫妻分别葬在同一墓地密切相关的位置上，各自独立成墓，各有坟丘，也有人称之为“同茔异坟”夫妻合葬墓；异穴同坟最大的特征是同一坟丘（封土）之下并列两个墓穴，夫妻分葬在不同墓穴之内，造墓有先后，但最终形成是两墓并列，封土相连，共有同一坟丘的合葬墓。西汉一代，不论是同穴还是异穴，只要死者是以夫妻关系而葬，即使两穴相距较远，也称之为合葬，帝后合葬即是如此。《史记·外戚世家》记载：“高后崩，合葬长陵。”裴骃《集解》引《关中记》曰：“高祖陵在西，吕后陵在东，汉帝后同茔则为合葬，不合陵也。诸陵皆如此。”在西汉早中期，徐州地区的诸侯王墓早期是异穴合葬，晚期则是同穴合葬，并且呈现从早到晚墓穴逐渐靠近的发展演变规律，龟山汉墓壶形门就是异穴合葬向同穴合葬过渡过程中的遗留特征，体现了夫妻合葬从异穴向同穴转变的发展过程。

徐州地区西汉楚王墓发现较多，只有龟山汉墓出土了表明墓主身份和时代的印章，其墓主为第六代楚王刘注，以此为坐标，一致被认为是前期楚王墓的有狮子山、北洞山和驮篮山，龟山以后的则有东洞山和南洞山两座楚王墓。西汉早期墓葬特征明显，一般距离较远，楚王与王后墓一般分立于两座山头，譬如前期楚王墓狮子山、北洞山，即是相对独立的小山，狮子山楚王墓建在山的南坡偏东，王后墓位于其北侧羊鬼山上，墓向朝南，相距200余米；北洞山楚王墓位于北洞山下，东侧有

“桓魋石室”，系北洞山楚王之王后墓，墓向朝西，相距200米，两处楚王（后）墓均属合葬墓中的异穴异坟类型；时代稍晚于狮子山、北洞山的驮篮山某代楚王（后）墓，楚王与王后墓分别在两个山头之下，却是一座山体两个山头，距离开始接近，相距140米，虽然仍是异穴异坟，但开始向异穴同坟过渡。

从龟山楚王、王后墓开始，楚王（后）墓由“异茔异穴”葬制变为“同坟异穴”葬制。龟山楚王、王后墓同在一山头下，墓道相距14米，东洞山一号楚王墓与二号王后墓南北相距10米，南洞山楚王、王后墓相距仅8米。东洞山、南洞山两座楚王墓与王后墓同在一个山头下，距离进一步缩小，中间也开凿有连接的通道，为“同坟异穴”之制；发展趋势表明，到西汉后期楚王墓则可能采用同坟异穴或同坟同穴的合葬形式。虽然楚国目前尚未发现王级陵墓如此合葬，但是随着中央集权的加强，天下一统局面的形成和稳固，整个大汉王朝的文化面貌呈现趋同的发展趋势，到西汉中后期墓葬形制发展渐渐基本一致，国内其他地方如北京大葆台汉墓、山东昌乐县东圈汉墓、泗阳大青墩泗水王陵等诸侯王墓中均已出现同坟同穴的合葬形式，徐州地区的翠屏山汉墓、绣球山汉墓等中小型墓葬中也已经出现同坟同穴合葬现象，因此西汉晚期的楚王使用同坟同穴合葬的形式并不意外。龟山汉墓由南北并列的两墓组成，中间有门道相通，两墓形制结构基本相同，均由墓道、甬道和墓室三部分组成（图3）。由于两墓后部墓室距离很近，中间开凿的连接的通道，呈现以壶门相连的形式，这种葬制在其后的楚王陵墓中成为惯例，因此龟山汉墓是西汉楚王陵墓发展过程的一

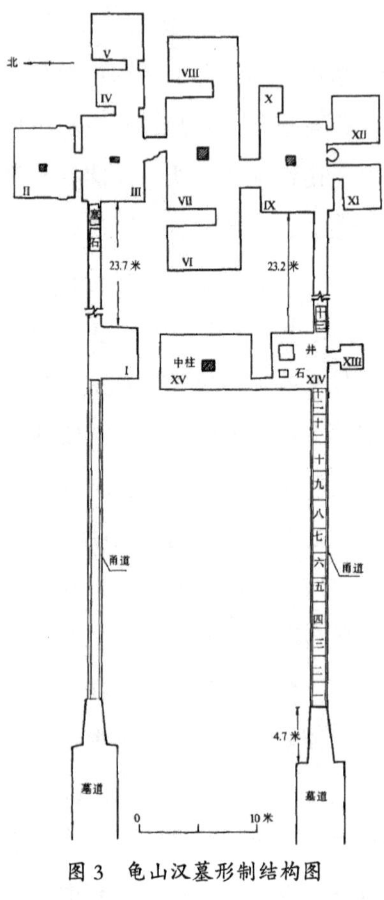

图 3　龟山汉墓形制结构图

个转折，开启了“同坟异穴”葬制的新模式，为以后楚王墓所效仿，壶形门正是“异茔异穴”向“同坟异穴”的见证。这种葬制在全国其他地区的西汉诸王墓中也有发现，如河南永城西汉梁王墓，梁孝王夫妇的保安山一、二号墓相距200米，梁孝王之王后墓室南侧也开凿有一个长甬道，只是尚未与梁孝王墓凿通，但其功能性质显然与龟山汉墓“壶形门”相同。

徐州龟山汉墓“壶形门”的出现有深刻历史背景和社会原因。西汉中期以来，在丧葬制度上传统儒家主张夫妻同穴合葬，认为“夫妇生时同室，死同葬之”。同穴合葬虽然满足了要求，但是实行起来也会出现问题，诸如后死者入葬时，打开棺室不可避免要面对先死者的遗容遗骨，以及棺椁葬具坍塌腐朽等触目惊心的景象，这无疑深深刺痛生者神经，令生者不忍复见。为此，人们不得不改进埋葬方法，在安置死者棺具的后室，中间加筑一道隔墙，或在前室之后并列修筑两后室，使夫妻分别葬于不同墓室，这样既达到同葬一穴的目的，又避免刺激生者的感情。然而，夫妻分室而葬，又有不同穴之嫌，为使两座墓室更加紧密的联系到一起，人们在夫妻分葬的棺室之间开设过道或门洞互通，如同龟山汉墓的“壶形门”，才真正解决了夫妻同穴同室合葬的要求。这种合葬形式流传久远，一直到宋代仍在使用，苏轼曾大加赞扬，《东坡志林》卷七记载：“诗云，穀则异室，死则同穴。古今之葬者皆为一室，独蜀人为同坟而异藏，其间为通道，高不及眉，广不能容人。……东汉寿张樊恭侯遗令棺柩一藏，不宜复见，如有腐败，伤孝子之心，使与夫人异藏。光武善之，书以示百官。盖古亦有是也。然不为通道，又非诗人同穴之义。故蜀人之葬最为得礼。”苏轼以中有通道的分室夫妻合葬墓“最为得礼”，认为此合“同穴之义”，就是因为它解决了夫妻分室而葬与同室而葬的矛盾，龟山汉墓壶形门的作用及真实意义也在于此，苏轼的解释就是最好的说明。由此可见，龟山汉墓“壶形门”既不是盗洞，也不是所谓的“寻夫门”，而是夫妻合葬墓发展过程中，合葬墓中间出现的过道或门洞。

徐州龟山汉墓“壶形门”出现，既适应夫妻同穴合葬的时代要求，同时又避免同穴合葬带来的系列问题，在中国墓葬发展史上具有重要意义，这种同一墓穴两室之间以通道相连的合葬墓，成为西汉中晚期固定形式，一直到东汉都是全国各地夫妻合葬墓的常见类型。

“海上丝绸之路”的见证

——邳州西晋墓葬的发掘收获

程　卫[1]

2015年6月17日，邳州新河镇陈滩村煎药庙自然村一处土地整治项目工地上，发现了一座古墓葬，引起社会民众的极大关注。经邳州博物馆会同江苏省考古研究所人员的勘查，确定为一处西晋时期墓地，报经江苏省文物局批准后，实施抢救性考古勘探与发掘。在考古工作人员的努力下，历时一年半的考古发掘，九座西晋墓葬，计出土器物300余件。有金、银、铜、铁、海螺、玳瑁、玻璃、碳精、石、漆、瓷等质地随葬品。

一、下邳西晋往事成谜，神秘墓主非尊即贵

判断一个墓葬的主人，考古学家要根据墓葬形制、规模、

[1] 程卫，邳州市博物馆馆长、副研究员。

规格和年代，特别是墓葬中出土的随葬物品，尤其是文字资料为依据。在此次考古发掘中，煎药庙九座西晋墓葬，仅有8号墓的挡土墙中部，发现一块带有“下邳国县建忠里谋显伯仲伯孝伯”字样的铭砖，其他均未发现能证明墓主人身份的翔实器物，考古专家认为这块刻铭砖，证明了该墓地应该属于西晋时期下邳国的高级贵族墓葬。

该墓葬群位于邳州市新河镇陈滩村煎药庙组，邳州属于徐州市的一个县级市，自秦汉以来，邳州新河镇及附近区域皆属下邳。

邳州文史学者程荣华研究，邳州之名源于邳邑，相传夏代薛人之祖奚仲为夏车正，被封于邳。夏代邳之地域当包括今之薛城、邳州两地。西晋开国，武王封奚仲后人于邳。秦时，本地始称下邳县（今邳州市）。汉高祖五年（前202年），置楚国，封韩信为楚王，都于下邳；三国时，陶谦以徐州牧据下邳，时下邳称县，为下邳郡治。后下邳相继被吕布、曹操所据。曹魏称帝后，因汉制分天下为十二州，下邳又为徐州治所。至西晋时，改置下邳国，领县七，仍治下邳县。

据有关资料显示，下邳国历史上有几个时期是作为分封侯国出现的，东汉时期的下邳国从公元72年～185年，存在114年；三国时期魏于公元222年置下邳国，存在不到三年；西晋政权建立后，公元280年置下邳国，直到历经三代，公元311年下邳国被前赵石勒灭亡，存世31年。

由于西晋仅仅存在了51年，加上战乱频繁，保存下来完整的西晋墓葬极少，各种实物和历史文化信息更少。此处西晋墓葬在没被发现之前，土台上居住着几家伏姓人家及伏氏祠堂，正是因为伏氏世代居住于此，九座西晋高等级贵族墓才免于被盗墓贼觊觎。因此，煎药庙西晋贵族墓地的考古发掘，是江苏西晋考古乃至中国西晋考古史上的一个特别重大的收获，对西晋下邳国历史的研究具有重要意义。“墓主人究竟是谁，目前还无法判断，但考古发掘出土器物都属于西晋时期风格，墓主人和西晋时期的下邳国可能存在一定关系。”

由于在考古发掘过程中，没有发现有关墓主人的文字记载，仅凭出现的器物也只能判断其墓葬的年代，如何真确其墓葬的主人，仍是一个谜，有待考古专家去破解。

西晋“下邳”国有着怎样的国力和生活状况？从这次考古出土的随葬品中或可以找到更多线索，比如在考古发掘过程中发现单后室的墓葬出土器物往往比较精美、等级高一些，也意味着墓主人的身份要更高一些；在双后室墓中，如果从墓室往外看，西侧也就是左侧的墓主人都是男性，东侧（右侧）的墓主人则是女性，既体现出传统礼仪文化中“左为上”的观念，也对应了生活中很多“男左女右”的民俗；在三后室墓中，中间后室的墓主人都是男性，两侧的东、西后室墓主则是女性，这也是古代一夫多妻的反映。

据煎药庙墓地考古记录，M1为土坑竖穴砖石混合结构双斜坡墓道单耳室前堂双后室夫妻合葬墓。砖室外用石灰包裹，内壁皆粉有石灰层。墓道居北，皆拱形顶。墓门皆用石板封堵，东墓道封石为一阴刻画像石。汉画像石为何在西晋墓中出现？据考古专家介绍，这种情况在考古史上属正常现象，以往在挖掘中也曾遇到过后世借前世墓葬材料修建自己墓葬的情况，更有甚者还有直接借用前人墓室埋葬。

综上所述，虽然墓主人没能确定，但是根据墓葬结构、形式和构建材料以及随葬品，该墓主人非同一般百姓，而九座规格不同的墓室形成一个群体，充分显示其墓群非尊即贵之处。

二、鹦鹉螺杯的发现，为“海丝”提供佐证

“鸬鹚杓，鹦鹉杯。百年三万六千日，一日须倾三百杯。”李白的《襄阳歌》这首脍炙人口的名作，千百年来广为流传，但诗中的“鹦鹉杯”究竟是什么样的器物，过去一直说不清楚，对于后世的读者就更加陌生。因为一直没有出土的鹦鹉螺杯，人们对其具体形制仍不甚明了，直至1965年，在南京象山东晋王兴之夫妇（王兴之是东晋宰相王导的后裔，与大书法家王羲之是叔伯兄弟）墓中出土了一件鹦鹉螺实物，才解开人们心中的疑问。

鹦鹉螺是生活在印度洋和太平洋菲律宾等区域的一种珍稀贝类软体动物，在我国的南海也有鹦鹉螺栖息。它的外形不像一般螺类的锥形或纺锤状，壳作卷曲状，形状颇似蜗牛。呈灰白色，背部有棕黄色条纹，其软体头部触须较多，当触须伸出壳外，外形酷似鹦鹉的冠及喙，美丽的外壳成了鹦鹉的身躯，鹦鹉螺之名因此而来。鹦鹉螺是一种极其珍贵稀有的动物，迄今已有上亿年的生存历史，外形美丽，数量稀少，有“活化石”之称。由于螺壳内隔层的特殊结构，倒酒时可以从小

图 1　鹦鹉螺杯

孔流入每个隔层中，而饮酒时却不能一饮而尽，其藏酒之妙，足以为饮酒人助兴添趣。因此，它也是古代珍贵的酒器（图1）。

这么珍稀的东西，为什么会出现在邳州的这处古墓里呢?

2017年1月12日，在邳州陈滩煎药庙西晋古墓考古发掘论证会上，来自中国社会科学研究院部委员刘庆柱、南京博物院副院长、研究员李民昌、江苏省考古研究所所长、研究员林留根、南京博物院研究员邹厚本、河南省洛阳市考古研究院院长、研究员史家珍及江苏省省内其他文物专家等一致分析认为：该墓出土的鹦鹉螺应该是从古代海上丝绸之路来到了西晋的下邳国。海上丝绸之路，是当时中国与西方海上贸易路线的统称，以中国广西合浦、广东番禺和福建泉州及浙江宁波，这四个海港城市为起点，每到秋冬时期，东南风来临，大量载着丝绸、茶叶和瓷器的商船便扬帆起航，它们途径今天的泰国、孟加拉国、斯里兰卡，一直到达印度。从印度开始，海上丝绸之路又分作两路，一路继续往北到达波斯、埃及等地；另一路则往西南方向而去，到达索马里、肯尼亚等地。这些商船在返航时自然会将各国的物产带回中国，再通过中国的巧匠精心制作成精巧夺目的酒杯。

当今天人们在研究“海丝”之路的起（终）点时，在华东地域仅有浙江的宁波被纳入这个范畴，江苏的南京、扬州在陆续考古发掘中发现了一些器物，又绎释是海上丝绸之路最北端；而下邳国在今天的江苏最北端，这件珍稀的鹦鹉螺杯的发现，能否确认是海上丝绸之路的延伸？据专家们的分析，下邳处于沂水与泗水交汇处，水运便捷，通过“海丝”之路运回的各国物产，到达国内后，直接或分散到这里；同时，专家们又推测，海上丝绸之路的始、终点在中国不仅仅是上述四个港口城市，从今天煎药庙出土的器物来看，应该说在一千七八百年前，下邳这里已是海上丝绸之路的辐射区。

在煎药庙西晋墓葬出土的另一件珍贵文物——玻璃碗，也非等闲之物，这只玻璃碗口径约10厘米，虽带着黄色的土沁，但仍晶莹剔透（图2）。考古专家认为，这只玻璃碗是来自西亚萨珊波斯的产物，玻璃属易碎品，长途运输很难，这只玻璃碗很完整，非常难得，应该也是从海上丝绸之路到达邳州的。同时，专家们也不排除这只玻璃碗是通过陆地丝绸之路运到当地的。“西晋是统一的朝代，西亚的玻璃制品经新疆、长安、洛阳一线运到当地也完全可能。”据史料记载，下邳的历史非常漫长，自夏代开始立国一直保持着繁华，更何况有三国相争，刘备、曹操、吕布这些英雄的故事在下邳发生，包括南朝刘宋的刘裕就是从下邳起家的，到元代、金代，一直到明清，下邳

图2　玻璃碗

古城、下邳这一带一直是繁华之地。鉴于这一历史背景，出现此种器物应属正常，如果这只玻璃碗真的来自丝绸之路，那么这一墓葬就连接了“一带一路”，同时也可以判断，无论是从海上或陆地，邳州煎药庙西晋墓葬出土的鹦鹉螺杯和这只玻璃碗都为“一带一路”的研究提供了佐证，而“一带一路”的辐射区就不局限于南京和扬州，邳州亦可视为“一带一路”的延伸区域。

保护利用

徐州及其周边两汉文化考察与研究

——“丝绸之路与汉文化”调研报告

赵　颖[1]

“一带一路”民间文化探源工程是国家文化艺术发展一级重点项目，由中国民间文艺家协会负责实施。该工程涉及民间文艺学、民俗学、历史学、考古学、文物博物馆学、文化人类学、民族学、社会学等诸多学科领域，是一项浩大的综合性文化工程。自2016年1月实施以来，已先后走进黑龙江、福建、新疆等地开展调研，收集了大量一手的田野资料。

此次“一带一路”民间文化探源工程之“丝绸之路与汉文化”调研活动，在中国民协理论研究处处长王锦强的带领下，来自北京、上海、江苏、陕西四省市的多学术领域的文化学者二十余人，于2018年4月22日至4月28日，对江苏省徐州市及其

[1]　赵颖，陕西师范大学文学院副教授。

下设县（市）丰县、沛县、邳州市、睢宁四地，以及连云港市、宿迁市、安徽萧县和河南永城等地区的汉文化进行实地考察。本次考察在徐州市文联的支持下，重点对徐州市及其周边汉文化遗存、民俗文化、非物质文化和创业文化进行调研。调研方式主要有专家座谈会、博物馆考察、入户访问，并对“汉文化”在苏皖鲁豫四省交界区域的历史遗产的保护传承、研究利用的现状及存在的问题进行了专题性分析。

两汉文化，起于徐州，兴于陕西。笔者来自三秦，有幸参与“一带一路”民间文化探源工程在江苏的调研活动，感受长安与彭城跨越时空的对话。兹对此次调研活动情况梳理如下：

一、具有重要影响的历史文化遗存

随着我国“一带一路”建设的不断推进，社会经济、文化的高速发展，国家在文化遗产保护上的重视力度不断增加，基于我国文化遗产分布广、数量多的特点，近年来国家提出从区域的角度对文化遗产进行保护的概念及措施，如西安大遗址片区、丝绸之路、京杭大运河的线性文化遗产保护。不同区域承载的历史文化价值远大于各个文化遗产单元价值的总和，从区域的角度整体研究成为文化遗产保护和管理的重要手段之一。因此，在全面掌握区域内各个文化遗产单元的基础上，进行科学的研究分析，整体认识整个片区文化遗产价值，是文化遗产保护利用的前提。

（一）汉画像石

汉画像石是反映汉代社会风貌、生活方式、审美情趣和艺术手法的重要的文化遗存。汉代的画像石绝大多数存在于为丧葬而建筑的墓葬之中，是雕刻有画像的祠堂、墓葬等的建筑构石。汉画像石的本质是一种祭祀性丧葬艺术，系我国汉代所独有的产物，故而被视为汉文化的标志。汉代画像石规模之宏大、题材内容之丰富，是解读汉代生活的重要图像资料。徐州汉画像石艺术馆所陈列的400余块画像石以“大汉王朝——石上史诗”为主题，内容分为神道天路、祠堂敬祖、天工神韵、千秋地宫、汉石春秋和刻铭题记六个部分陈列，为研究者提供极其丰富的实证资料。

不同于“陕西的黄土埋皇上”，徐州汉代画像多出自中小型汉墓，反应的生活主题活色生香，从民间杂耍到炮龙烹凤，还原了两千年前的彭城市井图。汉画石像的出现与汉代的赡养文化相关，尤其西汉以来生养死葬是儿孙孝行的具体体现。汉代经过文景时期的休养生息，国力日盛，据《史记·平准书》记载：“汉兴七十余年之间，国家无事，非遇水旱之灾，民则人给家足，都鄙禀庾皆满，而府库徐货财。京师之钱累巨万，贯朽而不可校。太仓之粟陈陈相因，充溢露积于外，至腐败不可食。众庶街巷有马，阡陌之间成群，而乘字牝者傧而不得聚会……公卿大夫以下，争于奢侈，室庐舆服僭于上，无限度。”[1]贵族之间竞逞豪奢，又有财力，于是厚葬之风盛行，

[1]　司马迁《史记》，第1420页，中华书局，1959年。

相互攀比，出现体量庞大的汉画石像。但总体归纳起来看，徐州汉代画像石大致可以分为以下题材：

首先，动物类题材。动物类的图像造型在徐州画像石中占有很大的比重，在徐州画像石中此类题材最具有代表性，动物图像多作为装饰纹样刻画于墓门横额及纵框的边缘之上。出现频率较高的如“熊”。史载的中华民族的祖先神黄帝，初居有熊，号“有熊氏”。钱穆《史记地名考》说“有熊”在河南新郑，那里有黄水和有熊山，故同黄帝有关。（现在仍有熊耳山）。此外，在《山海经》中也涉及大量篇幅谈到熊图腾。

而徐州之所以出现大量熊样式的画像石，应该是和楚文化密切相关。历史上很多楚王的名号都冠之以熊。楚从季连后裔到文王，有穴熊、鬻熊、熊丽、熊狂、熊绎、熊艾、熊浑（楚成王）。虽然从周穆王始，楚王暂停以熊为名号，但平王即位后，又以熊为号，直至考烈王熊元。而汉文化同楚文化一脉相承，尤其徐州一带的汉文化是在大量吸收楚文化的基础上发展起来的，汉的统治者作为楚国故地人，对楚文化有意作为还是一种吉祥的象征，表达对美好生活的向往。《诗经·小雅·斯干》说：“吉梦维何？维熊维黑”，郑玄笺：“熊黑在山，阳之祥也。”（图1）。

图1　熊样式画像石

其次，日常生活类

型的题材。徐州汉画石包括农牧、耕种、出行、迎宾、宴饮、娱乐、百戏等内容。日常生活类型的题材所占比例较大。而这些题材所反映出的汉代生活呈现出与汉长安不同的意味在于，长安的汉画像（今展出于西安曲江艺术博物馆）多以宏大叙事呈现汉代的军事、祭祀等大型庙堂活动。这与长安在汉代的政治中心地位密切相关，而徐州汉画像石的题材内容丰富多彩，从历史到现实，从天上到地下，并存大量的车马行进及迎宾拜谒图，从中可以审阅汉代市井生活，还原一个更加生动形象的世俗社会（图2）。

图 2　世俗图景画像石

再次，神话故事类型的题材在徐州画像石中所占的比例非常大。这些坚硬石材上雕刻画像并构筑墓室，是汉代丧葬礼仪中的一部分。目的在于通过造型艺术表达特定宗教信仰下汉代民众对死亡的理解和想象，更像是一项具有仪式性质的宗教活动。因此，对“神仙世界”的描述在图案中所占比例较大，图案也较显著醒目，“神仙世界”的神秘、祥和气氛笼罩着整个画面。伏羲、女娲、方位神灵青龙、白虎、朱雀、玄武、狮子铺首、西王母、东王公等神话造型在画像石中极为繁多，十分常见。神话故事类的题材反映出汉代人向往神仙灵异、求长生与升仙及留恋人生等观念。尤其值得注意的是汉画石像中呈现出的汉代生死观，徐州汉画石像中的庭院植物图像具有明显和固定的特征，例如成三角状或桃形的常青树，常青树的形象与柏树类似，意味着万古长青和生生不息的生命力，具有超越死亡和时空的象征（图3）。

图3　植物纹样画像石

与此同时，从徐州汉画像石艺术馆所展出的系列实物载体中，有一定数量的“石阙”，“阙”是中国古代成对地建在城门或建筑群大门外表示威仪等第的建筑物，由于左右分列，中间形成缺口，故名。继而有“阙然为道”的说法。汉代是建阙的盛期，据史书记载，在西汉长安未央宫有东阙、北阙；建章宫的凤阙、圆阙。但是历经千年，地面上的“阙”已不复存，今天能看到的实物，多来自墓室。而徐州作为两汉文化的发源地，有数量庞大的显贵宗族分封于此，“石阙”的标志性与威仪性成为汉代贵族宅邸的标志性符号，用来彰显威仪。

此外，徐州汉画像石艺术馆还有一些较为抽象的符号或几何图像类的造型题材。这一类题材可能是墓葬装饰艺术从具象造型到抽象装饰纹样的转化。这些条纹整体布局满而不乱，样式极为丰富，同时还穿插组合各种形象（图4）。

图4　几何纹样画像石

最后，笔者感兴趣的是汉画像石艺术馆里的一幅“九头龙”的画像石（图5）。

图5　“九头龙”画像石

这个“九头龙”的样式非常类似于柬埔寨暹粒的吴哥窟门口的九头龙样式，只是龙头所在的位置不同。一种说法吴哥国王是九头蛇精的后裔。另一种可能是吴哥窟的修建受到印度教的影响，在印度教中，这种形象来自蛇神Naga，被视为连接人世与神界的桥梁。此外，希腊神话故事里也有这种九头蛇的形象，即海德拉（Hydra），传说它拥有九颗头，其中一颗头要是被斩断，立刻又会生出两颗头来。赫拉克勒斯运用他的智慧，成功将其击败。目前可查史料中，无法证明这些形象之间是否受到彼此影响，但是值得关注的是，在跨越时空的不同世界文化空间中所呈现出的类似文化形象。刘师培曾言："凡数指其极者，皆得称之为九"，九被视为二进制以前最大的数字，加上对蛇形象的畏惧所产生的恐惧感带来的隐喻，这种隐喻根植于文化系统，体现在思维和形象层面。在不同文化空间中，都蕴含着所属场域的思维特性和文化内涵。

（二）龟山汉墓与其他地区的比较

徐州是汉代楚国、彭城国的重要封地，诸侯、贵族墓葬发现较多，这些墓葬为研究我国古代墓葬提供了丰富的实物资料，并为研究汉代丧葬制度提供了一定的参考。墓葬制度与形式是特定历史时期社会现实的综合反映，对汉代墓葬的考察，为了解汉代社会又提供一个视角。

龟山汉墓，位于徐州市鼓楼区龟山西麓，为西汉第六代楚王襄王刘注的夫妻合葬墓（由于龟山汉墓第六室内出土龟钮银印一枚，该印阴刻小篆体"刘注"二字，故判断之）。墓葬东西长83米，南北最宽处达33米，总面积达700余平方米，是汉代工匠掏空山体凿建而成。由于屡经盗墓者光顾，里面并无实物可循。但留下的汉墓，如地下宫殿，15间墓室各个功能齐全。

芒砀山梁王墓，芒砀山位于河南永城市东北。西周至战国，永城分属宋、焦、陈、楚诸国；秦初因此地有砀山，故置砀县，又置砀郡；汉高祖刘邦曾“隐于芒、砀山泽岩石之间”，故西汉置芒、砀二县，砀县属梁国，芒县属沛郡。梁王墓和龟山汉墓采用同样的建筑手法，凿石为室，穿山为藏，墓室嵌入山腹内深达百余米。按汉代墓制，如此规模浩大的陵墓只能皇帝才能享有，但梁孝王刘武为平七国之乱立下汗马功劳，故有此陵。

首先，关于长安和徐州汉陵的比较。诸侯王陵多仿天子之制，在陵区周围的建设，甚至陪葬陶人俑以及周边陵园都十分类似。人物雕刻较细致，其形态饱满。笔者来自陕西西安，西安的汉王陵多为帝陵，如文帝的霸陵、景帝的阳陵、宣帝的杜陵，距离相对集中。选址多利用堪舆之术，风水极佳，多依山为陵，但不一定在山上开凿。而徐州的王陵多以山为陵，相对分散，多选择在地势高亢的山坡或土台上，使墓地显得较为宽敞，山前空地面积较大，周围一般有水域。

其次，关于汉墓的发掘，更加印证古人事死如事生的丧葬思想，这一方面是建立在灵魂不死观念之上的一种丧葬思想，另一方面反映死者对于现实的留恋和对死后世界的幻想，是厚葬的具体体现。徐州汉墓反映的事死如事生思想主要表现在墓葬形制的日益住宅化和陪葬品的生活化。据资料显示，出土文物中鼎、豆、壶等陶礼器形成组合，反映西汉初期楚国的礼制。而各类餐具如盘、勺、罐等日用品也以陶器的形式置于墓内。在功能分割上，更有浴室、厕所和马舍的出现。

再次，关于夫妻合葬方式。此次考察的汉墓都具有夫妻合葬墓的样式，虽然是合葬，但是二人的墓穴、棺椁仍有一段距离作为间隔。这样，先葬者在自己的位置埋葬之后就进行夯填，未葬者的位置上部夯填土并不要求太坚实，死后将其安葬位置的土挖开埋葬，这就考虑到为尊者讳，死者为大，避免先去世者的尸骨再次暴露。值得关注的是，这种丧葬方式在笔者所在的陕西关中等地也有发现。在埋葬夫妻二人先去世者时，挖一个体量巨大的坑，埋葬后在二人的棺材中间套一个小洞，便于之后二人的沟通。

关于图腾，在芒砀山梁王墓陵墓葬大厅的甬道门厅处，有一副彩绘壁画《四神云气图》，蛇图腾是东夷部族的崇拜图腾，后演变成了人首蛇身的伏羲、女娲的图形，在汉画像石艺术馆中我们也可以看到伏羲、女娲的人首蛇身图形。黄帝打败蚩尤部族，蚩尤部族的蛇图腾与黄帝部族雷电图腾进行了融合，就产生了龙图腾，汉以后，就以“龙”作为汉族的图腾符号。楚人尚“火”，相传楚人的祖先是火神后裔祝融，火与太阳相关，画中凤鸟与太阳在一起。太阳在古时有计时的作用，雄鸡一叫天下白，鸡和凤的形态相似，凤图腾的出现似鸡和太阳复合，“龙凤”图形的产生，体现了楚文化与汉文化的融合。汉以来受到了道教的影响，春秋时期的四象图形到了两汉时期演变成了道教崇尚的神灵，西汉“四神”瓦当，就有东青龙、西白虎、南朱雀、北玄武这四种图形。

最后，关于墓葬出土文物的颜色，以红色和黑色为主。红色作为楚汉漆器的色彩基调，源于古楚人的“火”图腾崇拜。

刘邦作为楚人，给自己取的称号为“赤帝子”，所以在他建立汉朝后，就将红色作为主要色彩。而黑色即“玄色”，受楚巫文化的影响，楚人认为“玄色”是和红色一样属于正色，认为其是一种呈红的黑色，带有神秘、尊贵、稳重、威严、大方的感觉。徐州龟山汉墓中的楚王漆棺，以黑漆为底，显得高贵大气、庄严肃穆。而王后的棺椁则以朱色为底，色彩相对来说较为鲜艳，带有很强的楚文化的风格。因此，笔者的观点是同为两汉文化，但是徐州的汉文化更倾向于楚文化。而长安的汉文化，是为了区别于项羽政权，为塑造汉朝的合法性身份而舍弃楚制遵秦制。

（三）孔望山摩崖石刻

孔望山，位于连云港市，相传孔子曾登此山而望东海。山脚摩崖造像105尊，约为公元170年东汉末年的佛教造像群，是我国迄今发现最早的一处佛教摩崖造像，早于敦煌莫高窟三百余年（学界对此仍有争议）。这些造像形态各异，坐、立、卧兼有，主要是佛、菩萨、弟子、力士和供养人等，主题多以释迦牟尼的本生故事为主，如“舍身饲虎”等。此外，孔望山摩崖石刻东约70米处，还有一大型石象，造型生动、气魄雄浑，脚踏莲花是典型的佛教艺术特点，是我国现存最大的汉代石象。石象左腹刻有驯象奴。

孔望山摩崖石刻的宗教意义在于，学界以往认为汉代思想文化史演进的一个重要迹象，是佛教的传人。佛教在公元初年传来东土，有经行西北草原通道的路径。但是连云港孔望山佛教摩崖造像的发现，指出了佛教文化影响由东方海洋通路传入的可能，因此赵朴初在此题词曰："海上丝绸路早开，阙文史实证摩崖。"而据《史记·南越列传》所言，汉代的交通路线，有一条是由长安经洛阳、湖北江陵（南郡）、长沙、广州（南海）、梧州（广信）、贵县（郁林）直至河内（交趾）。早在秦始皇时代，这里就设秦东门，为出海求仙设定了坐标。这条由洛阳至越南的陆上交通线南端的越南，有一条海上交通线可到达的佛教国家斯里兰卡和缅甸。而线路的北端，从洛阳过徐州后可抵达连云港。因此，不排除孔望山为代表的东部地区接受佛教可能早于西部地区的可能性。

（四）汉皇祖陵

汉皇祖陵位于今徐州市丰县的金刘寨村。丰县是汉高祖刘邦的诞育之乡，汉朝建立以后，刘邦接父亲入长安，为解父亲的思乡之愁，在京城建设新丰（即今陕西西安临潼区新丰镇），街道里巷、官署庐舍和丰县一致。

刘邦称帝之后，下旨修建皇祖陵，供奉刘邦的曾祖父刘清。此后又经刘彻等汉代皇帝修整，使汉皇祖陵成为一处布局完整的皇家陵园，后作为当地刘氏祭祀祖先的地点，有墓碑、祠堂等建筑，经过漫长历史洗刷，许多古迹建筑被破坏，现存刘清的土坟和部分遗迹。1992年被当地刘姓人修复，现在的汉皇祖陵陵园入口由石柱与红漆门组成，门楣上书"汉皇祖陵"四字，周围有墙围护，墓前的墓碑上刻"刘清之墓"，两侧分别有康熙与乾隆时的古碑两座，分刻"西汉高祖"与"汉之故里”。目前，在祖灵的基础上扩建，打造的主题是刘姓华人认祖归宗的场所。汉皇祖陵广场上标志性建筑有二，一是以“天圆地方”为原则，象征着天人合一思想的“大汉坛”，采用青钢结构，上顶内圆外方，阳刚和阴柔形成鲜明的对比，建筑风格类似陕西黄帝陵的祭祀大殿，在视觉上极具冲击力。二是高达42.6米的刘邦铜像。

（五）皇藏峪

皇藏峪位于安徽北部萧县东南，这里森林资源丰富，古树繁多。峪口瑞云寺前有一株树龄在两千年以上的古青檀，还有两株千年以上的银杏树，其中一株主干边生有二枝，一大一小，被形象地称为“携子抱孙”。千年的黄杨难成树，但大雄宝殿前的黄杨树龄约1500年。作为汉王遗韵景点，皇藏峪有颇具神话色彩的皇藏洞。前205年，即刘邦被项羽封为汉王的第二年，乘项羽攻打齐王久战不下之机，率领五六十万大军袭战其国都彭城。项羽闻讯，即带领精兵三万绕道萧县东进回击刘邦；项羽大军所向披靡，把刘邦打得落花流水，损兵折将；最后刘邦率残兵败将数十人自彭城一路南下逃至皇藏峪山中。刘邦怒拔宝剑穿石，剑拔，泉水喷涌而出，其将士与战马喝足水后，便分散隐藏于山峪密林石隙处。

（六）戏马台

戏马台位于徐州户部山最高处。前206年，项羽灭秦，自立西楚霸王，定都徐州，在户部山上，构筑高台，以观戏马。戏马台的项羽，当年雄姿英发，站在高处挥斥方遒，却因不想锦衣夜行误了性命。戏马台足以象征西楚由盛转衰，继而有汉的历史。

以上历史文化遗存，按照刘邦的人生轨迹排列，丰（县）生沛（县）养，芒砀山斩白蛇起义，楚汉之争后平定天下，继而生死交替，出现汉墓和汉画石像。此次调研，既可纵向体会汉代文化要素的基础上理解楚文化的变迁与更迭，又可以横向观察，所涉地域辽阔，历史绵长，在纵横数百里、上下几千年的时空之间形成的楚汉文化，既有共同性又有差异性。每个地域都可以自成体系，形成文化“小传统”，又在金戈铁马的淮海大地上，楚汉之间，东夷之间相互融合产生相近的文化特征。

二、丰富多彩的民族民间传统文化

民间文化既属于社会意识形态的范畴，又属于非物质文化遗产研究的对象。民间传统文化影响中国人的思维方式和行为习惯，千百年来，传统民间文化在相对稳定的传承中演进，并随着特定的历史环境和条件的变化而不断变化，探索民间文化的发展轨迹，辨析民族精神之得失，对树立文化自豪感意义莫大。同时，民间文化是中国文化的重要组成，离开了民间的根基和土壤，就有可能消解传统的民间文化。因此研究民间文化，呼吁公众对民间文化的关注，对于巩固我国民间文化的根基和精神资源十分重要。

（一）户部山

户部山在徐州市区南部，既是作为历史遗迹存在，又具有体察民俗文化的作用。历史上的徐州虽有五省通衢之称，却水患频发，尤其天启年间水患严重，鉴于徐州在漕运路线上的关键性地位，当时的户部分司移至城南的戏马台上办公，此山遂得名户部山。由于户部山海拔较高，远离水患，是历史上徐州显贵住宅的首选之地，徐州民间有“穷北关，富南关，有钱都住户部山”的说法。户部山值得研究的是以下几个要素：

第一，著名的“叠城”现象。徐州历史水患频繁，战乱持久，因此老城区出现“叠城”现象。20世纪30年代末，挖掘出明朝徐州城南门瓮城的一对耳门。20世纪50年代到90年代，相继发现了梁下梁、路下路、井下井、府下府、庙下庙等遗址。2000年开始，徐州先后出土西汉楚国王宫地砖等建筑材料；2012年，徐州苏宁广场工地发现文物千余件与西汉楚国及后继东汉彭城国之都城彭城的东城墙遗址。这种现象极好的包容了历史累层下的多元文化。

第二，关于户部山的景观布局。整个户部山以山顶戏马台为中心，供奉象征皇权的项羽，中环以圆形的环山路相隔，由重要的古建筑群文化遗址组成，最外环布满商铺和商业组织。

户部山特有的奇特造型和巧妙布局，为当地人所称道。由于户部山寸土寸金，不可按平地来布置房屋，只能因山造景，因地制宜，利用山坡高差，极好的利用地形进行建筑设计。此外，建筑上极好地体现了主人的社会身份，例如崔翰林府前院东南角伫立着一座十余米高的更楼，据说会用定时发出的声响给当地居民的生活提供时间尺度上的参照，也为居民在空间定位上提供了参照。崔府是户部山最具盛名的建筑，这是由崔氏一族财力雄厚和官职地位决定的。只有这样的身份，才有资格修建更楼。

第三，多元文化融合的建筑群落。户部山建筑群既有北方风格的四合院形式，空间序列对称，沿轴线空间递进，雕饰上大量北方风格的要素，如余家大院的山西风格砖雕，崔家大院里山西风格的斗栱，而且整体建筑色彩灰暗沉稳。户部山建筑群又有南方风格的建筑要素，如户部山古民居大概是受了江南传统民宅的影响，多在整体的四合院布局基础上，通过天井进行院落组合。此外，还有江南传统园林的趣味。

（二）沛筑

高祖刘邦平叛淮南王英布，凯旋返沛，酒酣之际击筑而歌，即“大风歌”。“筑”是中国最早的一种击弦乐器，荆轲、高渐离都是击筑高手。东汉许慎《说文解字》：“筑，以竹曲，五弦之乐也。”但宋代以后失传。在我国古代音乐八音分类中，筑属于“丝”，与琴、瑟、筝等属同类，故有“筝筑同源”之说。筑的发声不是用手拨弦，而是用竹尺“击”弦。筑的演奏姿势是用手把握，筑有一个长长的把柄，通常是一个狭长的木质乐器，约有一半是柄状实心木，是手握持的部位；另一半则是空心的共鸣箱，头尾部设弦。

无论从完善中国民族音乐史的角度，还是从保护非物质文化遗产的立场来说，都应该让失传的筑发声、复活，让这件承载着许多历史的信息的古老乐器重新回到我们的现实生活中。徐州沛县的民间工艺大师郝敬春历经数十年的古籍查阅，和对长沙等地出土文物的考察，于2009年年底成功恢复。调研活动中，郝敬春先生不仅展示了筑的制作工艺，并现场演奏，起声清亮纯美，金石之声余韵悠长。郝敬春先生还在沛县文化馆收徒传授演奏技巧，他们跟随郝敬春学习演奏技巧并通过曲目创作为古老乐器赋予新的生命。2014年，受外交部委托，郝敬春先生制作的五弦沛筑被作为国礼，由彭丽媛赠送给了比利时王后，并永久保存在了比利时乐器博物馆，使民族音乐成为“一带一路”中互联互通、合作共赢、对外文化交流的重要途径。

（三）柳琴戏

柳琴戏源于山东沂南、莒县一带的“肘鼓子”，属于“拉魂腔”系列，在清咸丰年间开始向四方扩展，其中南下的一路，流行在苏北一带，同时吸收本地的梆子戏、京剧以及花鼓、扬琴、坠子等曲艺的形式与唱腔，并从民间音乐、民间歌舞、劳动号子等方面补充元素，经过几代艺人的融会创造，才逐步发展成为目前的柳琴戏。之所以为“拉魂腔”，音乐唱腔受北方激越的板腔体音乐和南方阴柔的联曲体音乐交汇的影响，颇具“楚汉雄风”的韵味，曲调粗犷浑厚，刚柔兼济。于是民间有“拉魂腔，拉魂腔，不怕你不来，就怕我不唱”的说法。但目前徐州柳琴戏处在一个较为尴尬的境遇。虽然有政府部门的支持，但实际上传统剧目的创作和演出相当不景气。年轻观众对此感兴趣的不多，资深的演员也多已离开舞台。

三、交相辉映的地域特色与创业文化

积淀深厚、丰富多彩的中华民族民间文化资源是当今文化产业发展的土壤和根基。在利用不同地域民间文化资源发展文化产业的过程中，需要处理好文化资源的保护与开发、传统民间文化与现代文化产业之间的关系，推动民间文化传承与文化产业的共同发展

（一）东海水晶产业

江苏省东海县，是世界天然水晶的原料集散地，工艺加工地，19世纪就开始对水晶产业开发利用，改革开放后形成产业，巨大的贸易量使之成为驰名中外的世界水晶之都。此次调研主要针对东海水晶产业的保护、利用和后期发展进行。

首先，东海水晶的质量、储量和产量均居亚洲之首，与之相伴的水晶雕刻等传统工艺美术在东海孕育和发展了300余年。截至2017年，东海县水晶从业人员近25万人，拥有各类水晶加工企业3000多家，形成了年产3000万件水晶首饰、500万件水晶工艺品的规模化产业。与此同时，针对互联网+时代，进行线上线下交易，水晶网店达1.9万家，年交易额超过40亿元。

其次，关于水晶雕刻工艺。此次调研，参观了大量水晶雕刻艺术，虽然笔者和雕刻艺术尚有隔阂，但依然从博物馆中的水晶雕刻和水晶市场上的雕刻品中，体会到商品和艺术品的差

距。水晶市场的生产工艺水平相对普通，产品缺乏创意，绝大多数销售以零售为主，工艺表现形式主要为雕刻、珠链、观赏石、水晶球等。艺术水准偏低和文化内涵少导致产品附加值不高，很难迎合高端用户的需求。因此，东海县目前开始重视雕刻艺术人才的培养和挖掘，建有水晶工艺大师的工作坊。

最后，让笔者最为动容的是东海水晶商人的精神。据当地文联的工作人员介绍，巴西作为目前世界最大的水晶出口国家，目前有东海人两千余名，根据笔者所得数据，这个比例已经占到巴西华人总数的百分之一。80年代东海人，大字不识，勇闯巴西的故事影响着一代代的东海水晶人，这种勇于开创、积极进取的精神，恰恰是楚汉文化的特征之一。

（二）喜蛋文化产业

蛋，谐音“诞”，在我国大部分地区，婴儿出生后，婴儿的父母就会将喜讯告诉亲朋好友。报喜时，必须要带上红鸡蛋，就是把煮熟的鸡蛋涂上红色，从而产生喜蛋文化。江苏沛县当地流传“香道红喜蛋，传承中国福”的说法。结合徐州当地的楚汉文化，有这样的民间传说：樊哙在沛县时以卖狗肉为生，刘邦常到他那里混吃狗肉且不付钱，樊哙为躲刘邦，只好乘船到微山湖东岸去卖。结果刘邦乘水里来的一只大鼋过了岸，照吃不误。樊哙只好偷偷将老鼋宰了与狗肉同煮，于是就有了沛县当地有名的鼋汁狗肉。

秦末农民大起义，相传刘邦是赤帝之子，刘邦建汉后，人们推崇红色，视之为喜庆兴旺的颜色。特别是沛县、丰县，作为刘邦故乡，首先开始将鸡蛋染红，并将这作为习俗保留，逐渐流传至其他地区，可以说，沛县红喜蛋的历史最为深远。

沛县的江苏香道食品有限公司，结合鼋汁狗肉和喜蛋文化，打造鼋汁卤蛋，成为地方创业文化的一个标志性符号。徐州沛县红喜蛋习俗列为非物质文化遗产项目，并建成中国红喜蛋文化展览馆。

结　语

此次“一带一路”民间文化探源工程之“丝绸之路与汉文化调研”活动，沿着楚汉文化的发展路径进行探索，探索中华文化从未中断之“源”；通过地域之间文化要素的对比，探寻人类文化的共通之“源”；通过楚汉文化特征的分析，承袭中华文化的精神之“源”。如今，文化多样性是当今世界发展的趋势，国家“一带一路”是古丝绸之路文化价值的当代显现和中华文明播撒四方、进一步推进中国对外开放、提高我国文化软实力的重要举措。“一带一路”倡议不仅是针对贸易、金融设施和政策、民心的倡议，更需要文化传播与交流合作的先行。文化传播与交流合作的前提是对已有文化的梳理和审视，转变文化话语形式，构建国内文化输出机制，以及地域之间文化的交流，才能够使文化在一带一路的发展进程中更好地承载对外开放、共同发展的新梦想，让“一带一路”的国家和人民共享人类文化财富。

关于徐州楚王陵墓保护问题的思考

周　波[1]

历史文化名城徐州是汉高祖刘邦的故乡，大汉王朝的发祥地。两汉文物荟萃，最富有代表性当然是西汉楚王陵墓。时至今日，徐州市以楚王陵墓为依托，建立了一批汉文化博物馆，对于有效保护和合理利用这些文化资源，充分发挥汉文化在历史文化名城建设中的作用具有十分重要意义。但是我们看到，在实际工作中，徐州楚王陵墓的保护许多方面尚有待提高，在保护的方法和理念上还存在一些偏差。如何在新的形势下做好保护工作，使其文化价值得到进一步彰显，从而扩大历史文化名城徐州在海内外的影响，成为目前保护工作必须面对的问题。本文拟就如何进一步做好西汉楚王陵墓的保护做初步探讨，希望能为今后保护工作提供有益的借鉴。

---

[1]　周波，徐州汉文化景区管理处馆员。

一、科学规划和立法，建立健全监保措施，做好楚王陵墓本体和周围环境的保护工作

西汉楚王陵墓具有重要的历史文化价值，目前徐州市已经出台《山林保护法》，这对于保护楚王陵墓的山貌林相将起到重要作用。然而对于世界独一无二的楚王陵墓，却尚未从立法上予以保护，因此当务之急是吁请立法部门出台西汉楚王陵墓大遗址保护的办法，制订一套能体现徐州市人民和政府保护热情的完备法规和措施，特别是要制订西汉楚王陵墓保护工作条例，建立一套行之有效的管理机制，将楚王陵墓的保护提高到规范科学的管理层面。诸如监测大气、土壤、降水等方面的变化对墓室的影响，以及游客人流对墓室环境的影响，提前做好预警机制，只有未雨绸缪，才能防患于未然，让西汉楚王陵墓从我们这一代手里完整传给下一代，让子孙后代在千年之后也能看到规模庞大的墓室。

其次对西汉楚王陵墓保护不能仅限于本体的保护，还要保护好陵墓的周围环境，提前做好各项保护规划。《国际古迹保护与修复宪章》规定："古迹的保护包含着对一定规模环境的保护。凡传统环境存在的地方必须予以保护，决不允许任何导致改变主体和颜色关系的新建、拆除或改动。""古迹不能与其所见证的历史和产生的环境分离。"徐州市八处楚王陵墓除汉墓本体保护较好外，外部环境已遭到很大破坏，如狮子山楚王陵、龟山汉墓墓前宽阔的公路、墓口硕大无比的建筑都很大程度上削弱了汉墓的真实性和完整性。而位于金山桥开发区的

东洞山楚王墓，一座大楼几乎就建在汉墓上，其他几处由于开山采石等原因，也使得汉墓原始风貌毁坏殆尽，极不符合威尼斯国际宪章对文物保护的要求。因此我们在编制保护规划时，必须做好楚王陵墓周围环境保护的科学规划和立法，划定八处汉墓的保护范围和建设控制地带，从立法和规划的源头上控制起来，保证只拆不建，逐步恢复陵墓的原始风貌，从而达到保护周围环境的最终目的。

二、理顺管理体制，提高管理机构级别，建立高水平的管理队伍

徐州市目前发现发掘八处楚王陵墓，分别分布在市区的云龙区、鼓楼区、金山桥开发区和铜山区境内，按照属地管理的原则，管理部门多达五家，有的归市里管，有的归区里管，管理体制混乱，存在许多盲点和误区，出现不少问题，有市场价值的有人关心，无市场价值的无人问津。其次已经开辟成为旅游景点的单位，也存在过度开发使用的问题，甚至一度出现严重损毁文物的现象，因此纳入统一管理，理顺管理机制，提高专业管理档次，才能有效解决矛盾，同时纳入统一管理也是文物事业工作规律的内在需求，国家文物局和省文化厅也对此多次函告徐州市委、政府，建议将国保单位——西汉楚王陵墓群统一划归文物部门管理。

过去江苏省文物局根据省政府的意见，曾建议文物较多的市，特别是国家级历史文化名城应该成立文物局，目前我省的

南京、苏州、扬州、淮阴等地均已经成立，按照这个思路，结合我市汉墓资源丰富的实际，如果能够成立汉墓遗产管理局，将所有汉墓纳入统一管理，按照门票收入的高低，抽取一定比例的文物使用经费，用于补偿那些地理位置偏僻，旅游效益差，又亟须保护的墓葬，对于从长远规划保护文物也具有十分重要意义。当前国内已有部分地区针对文物景点的收入制定再分配政策，提取收入最高达到30%。目前徐州市利用楚王陵墓盈利单位尚未向文物部门上交一分钱，因此迫切需要纳入统一管理，合理抽取一定比例的文物占有使用费，用于所有西汉楚王陵墓的保护和维修，从而保证各墓都能得到有效保护。

管理人员素质相对偏低，且分布不均衡，多数从业人员不是正规文博专业出身，仅有部分专业人员集中在市博物馆，显然与楚王陵墓这一国家级文物保护单位的地位不相称。目前全国高校文博专业毕业生人数众多，就业相对紧张，可以抓住机会引进一大批学有所长的文博专业人员，大幅度更新管理人员，提高管理人员的素质。须知我市要建立世界一流汉文化景区，必须有一流的管理人员，否则无法与世界接轨，更谈不上对话。

三、加大学术研究的力度，集中力量攻克西汉楚王陵墓学术难题

当前人们对于西汉楚王陵墓学术研究的意义认识不足，以致到目前为止，作为汉代楚王陵墓集聚地的徐州，连一次以楚

王陵墓为主题的有影响的学术研讨会都尚未召开过。诚然学术研究是一项务虚的工作，一次投入可能短期内很难得到回报，但是从长远来看，学术上任何一点微不足道的投入，产生的效果却是巨大和无可比拟的，所形成的学术成果是对文物景点的最好的宣传，是扩大影响最有效的途径和最有力的砝码，应该抓住时机举办一次国际学术研讨会。其次，有人认为学术研究只是学者的个人行为，对楚王陵墓保护事业无补，对于学术研究缺乏应有重视。其实任何一个有影响的文物景点，都有一批学者在默默从事研究，秦俑之所以闻名遐迩，一方面固然与秦俑独一无二的价值有关，更为重要的是与另一支秦俑军团——秦俑研究人员辛勤耕耘密切相连，正是他们多年来以出土秦俑和相关文物为出发点，对与秦俑相关政治、经济、军事、文化进行深入细致研究，深刻揭示秦俑文化艺术内涵，才使得秦俑名满天下。由于徐州市研究不足，对汉墓为代表的汉文化资源内在价值缺乏深入挖掘和细致剖析，使汉文化长期在圈内外没有产生与本身巨大价值相适应的广泛影响。

搞好楚王陵墓的学术研究，首先要做好基础材料的整理出版，组织一批学人做好原始材料的整理，将那些尚未整理的墓葬材料抓紧整理出来，尽快还清历史欠账，对发掘者本人和历史都是一个交代。《国务院关于加强和改善文物工作的通知》要求，发掘结束后三年内，必须写出发掘报告，一座墓葬发掘后，只有尽快将报告整理出版，才能保证报告的科学性，资料公布越晚，材料越可能遗失，学术意义和影响越小。徐州楚王陵墓发掘较早，但整理周期太长，错过出版黄金时间。国内一大批著名汉墓如湖南马王堆汉墓、广州南越王墓、河北满城汉墓、河南梁王墓等墓葬材料均出版在徐州之前，掩盖了徐州楚王陵墓的光华，以致一些高校秦汉考古的教科书对徐州汉墓只是一笔带过，成为一个令人遗憾的事实。因此下一步要将墓葬整理提上重要日程，分清责任，明确到人，既可以单体墓葬为单位出版徐州楚王陵墓系列考古发掘报告，也可以合在一起出版一个大型综合的徐州楚王陵墓考古发掘报告。

在做好基础工作的同时，还要整合资源，推出高精尖的学术成果。徐州市目前从事汉文化研究的机构和人员众多，既有政府举办的学术机构，也有民间自发组建的学术团体。这些机构中有一大批有志于学、甘于寂寞的学者，主管部门应将他们进行整合，将一些学术研究能力强、业务实绩突出的优秀的研究型人才，放到适当位置，从冗杂的事物性工作中解放出来，发挥他们在学术研究中的领军作用。同时文物主管部门发挥主导作用，加强引导，做好学术规划，想法筹集资金，提供经费保证，采取课题制和招标的形式，定期发布学术研究重点问题，凡符合条件的重点扶持，集中出版一批在国内外有影响的学术成果，争取在3至5年内出版系列大型研究专著和高水平论文。

一旦我们经过艰难的攻关，像解剖麻雀一样将楚王陵墓进行全面系统研究，将其潜在的巨大价值研究揭露出来，将其独特性、唯一性彻底搞清楚，将楚王陵墓的学术价值准确定位，楚王陵墓的保护工作自然会推向更高水平，哪怕申报为世界遗产也是可能的。

四、做好宣传普及工作，吸引普通人关注的目光，将徐州楚王陵墓保护推向更广层面

正如所有楚王陵墓的发现，离不开普通人的支持一样，楚王陵墓保护也离不开社会大众的理解和支持，同样也需要全社会的参与。前国家文物局局长张文彬说过：“即使再光辉的事业，如果离开普通人支持，也会变得黯然失色。”因此做好普及宣传工作，在普通人和楚王陵墓之间架起一座沟通的桥梁，是做好楚王陵墓保护又一重要工作。

近年来，楚王陵墓管理者已经尝试做了大量的工作，尤其是狮子山楚王陵管理处组织编写了《2000天和两千年》《楚天汉韵——徐州狮子山楚王陵发掘纪实》《徐州狮子山楚王陵》等系列科普读物，对于增进人们对楚王陵墓的了解发挥了巨大作用，然而我们注意到，这些科普书籍偏重介绍发掘的过程和发现的现象，对于楚王陵墓的巨大科学艺术价值却缺乏深入剖析。其次，一些普及者为了吸引人们的眼球，随意编撰离奇的情节，凭空杜撰出诸多故事，将观众引入歧途，楚王陵墓真正的巨大的历史文化价值却被掩盖和忽略了，这实际是对保护工作的伤害。其实普及的目的是传播知识，而不是猎奇，因此出发点要正确，绝不能粗编滥造。

考古工作者应该承担这份责任，他们多数是科班出身，多年工作在一线，亲身经历楚王陵墓发现和发掘的全过程，具备撰写楚王陵墓科普读物的优越和便利条件，如果能将楚王陵墓的开掘技术、墓主之谜、防盗方法、巨大塞石封堵之谜，运用

深入浅出的语言，生动有趣的文字，轻松活泼的笔调，将发现和研究成果介绍给大众，将楚王陵墓蕴含的巨大文化价值展示给世人，必将引起人们的热情和兴趣，唤起社会各界对西汉楚王陵墓的价值认同。

楚王陵墓科普读物的撰写固然是考古工作者义不容辞的责任，但同时也需要社会各界的支持，尤其是文物主管部门应该出台正确的政策引导扶持，营造重视科普读物的氛围，改变长期以来视科普工作为不务正业的看法，诸如设立楚王陵墓宣传保护基金，为一些介绍楚王陵墓、宣传普及汉文化做出突出贡献者以适当的奖励，这样奖励的实例在国外数见不鲜，英国设立的创始俱乐部大奖就是授予能将考古学的成果贡献给社会，能使一般公众注意到英国文化遗产的重要性的考古学者，相形之下，徐州楚王陵墓在这方面几乎是空白。

做好楚王陵墓保护工作，不仅仅是政府和主管部门的责任，同时也是全社会共同的义务。文化遗产本身就是全人类共同财富，整个社会应该都来关注。宣传普及楚王陵墓的考古学知识，是文物工作的重要组成部分，每个文物工作者都要认真思考，自觉投身到科普宣传工作中去，将历史文化遗产转化为启迪教育市民的精神食粮，吸引越来越多的普通大众关注楚王陵墓，楚王陵墓保护事业也会获得越来越多的理解和支持，对于调动人们保护楚王陵墓的积极性和主动性，推动楚王陵墓的保护将产生巨大的不可估量的作用。

五、正确处理保护与利用关系，充分发挥旅游在徐州楚王陵墓保护中的作用

多年以前，为了调动旅游部门的积极性，尽快启动楚王陵墓保护工作，徐州市将一些效益较好的景点交给旅游部门经营，结果中间出现一些问题。现在有些人一谈到旅游，大有谈虎色变之态，甚至一些文博单位连对旅游部门要求加挂星级景点牌子也拒之门外，其实这是对文物保护与旅游关系认识不足，文物保护的目的就是要将文物完好传给后世子孙，同时能使文物为当代社会发展做出贡献，两个方面都不能偏废，而旅游是发挥文物作用的重要渠道，二者相互促进，相得益彰，正是大量的旅游者走进文物场馆的大门，才为文物保护注入源源不断的活力，推动文物保护事业的良性发展。对于文物保护与旅游的关系，现故宫博物院院长单霁翔曾指出："保护文物与发展旅游没有本质的矛盾，没有文物，文物旅游就无从谈起；而没有旅游部门组织游客，也不利于博物馆之运行；文物保护要与旅游协同发展，相互促进。"单院长用辨证的观点，阐明了文物保护与旅游的关系，同样也为徐州楚王陵墓的保护指明了方向。

虽然发展旅游可能有破坏文物的现象，但不能因噎废食，应该看到旅游业的发展对文物保护的促进作用，旅游与保护实际是文物工作的"一车两轮""一鸟两翼"，徐州西汉楚王陵墓能有今天这样局面，我市旅游部门的确功不可没，尤其是汉文化旅游年和汉文化旅游节的提出和举办，极大提升和拉动楚

王陵墓在海内外的影响，因此必须进一步发挥旅游业在楚王陵墓保护中的作用，加强文物和旅游两个部门之间的联合。当然二者联合并不是合二为一混为一谈，而是打通二者之间壁垒，建立一种各部门之间的联动机制，在文物资源掌握在文物部门的前提下，将西汉楚王陵墓保护中的产业部分拿出来，交给旅游部门运作，形成文物保护与旅游开发相结合的新模式，实现西汉楚王陵墓最大程度的利用。旅游部门市场意识强，信息渠道畅通，旅游促销经验丰富，手段多样，如果能够在楚王陵墓促销上多下功夫，准确把握楚王陵墓文化价值和叫座的卖点，利用各种形式宣传推介楚王陵墓，让外地游客走进徐州，在欣赏文物之美的同时也了解徐州，扩大徐州城市的影响力和知名度。随着京沪高速铁路的开通，来徐的客人必然会越来越多，门票的收入也越来越多，从而也为保护提供充足的资金，楚王陵墓的保护无疑将走上一条良性发展的轨道。

余　论

徐州西汉楚王陵墓保护不是一个部门的行为，需要多个部门之间合作和社会各界的参与；不是一个短期的行为，需要付出长期的不懈努力；不是讲求经济效益的产业，而是一项社会公益事业。随着社会的不断进步，政府投入的不断增多，楚王陵墓必将得到更好的保护。只要我们以专业的眼光、敬业的精神和高度的责任感，从以上五个方面认真做好当前工作，楚王陵墓保护必将赢得一个辉煌的未来。

徐州两汉文化资源的产业化探讨

张　明[1]

汉朝，是一个开创了中国历史与汉族意识的朝代。从此，“汉”与“华夏”一样，成了中国人血统认同与文化认同的标志。

徐州作为汉高祖刘邦的故乡，在西汉、东汉的四百多年里，积淀了深厚的两汉遗存与血脉传承，历两千多年而不朽。徐州两汉文化可说是中国汉代文化的瑰宝与传承之地，理应深入研究两汉文化遗存，充分探讨两汉文化根源，结合当代社会体制与文化思想潮流，大力倡导两汉文化的产业化，扩大两汉文化的影响力和文化引导功能，使其更具当代意义。

[1] 张明，徐州市非物质文化遗产办公室主任。

一、徐州汉代文化资源及当代形态

（一）徐州与汉代文化的历史渊源

1.汉代彭城的刘氏渊源

徐州，作为一个拥有五千年历史的悠久古都，与汉代以及汉文化，有着深厚的渊源与传承。其传承之始，当为汉代的开国皇帝刘邦。《史记·高祖本纪》载："高祖，沛丰邑中阳里人。"生于"沛郡丰邑"的刘邦"斩白蛇"起义由一介平民最终建立矗立世界之巅的大汉王朝之后，彭城作为刘邦的四弟楚元王刘交的封地，设楚国，治彭城，历12世，至新朝建兴帝王莽废刘纡止。东汉光武帝刘秀与许美人之子刘英为东汉楚厉王，在位31年被废后自杀。公元88年，六安王刘恭为彭城王，传五世，至公元220年曹丕废彭城王止。在西汉、东汉的422年间，徐州共历经13位楚王与五位彭城王，皆为刘邦的刘氏宗族后代。高祖建国后铲除异姓王大封刘姓子弟为王，并在晚年定"白马之盟"，其意即在通过刘氏宗亲达到"家天下"的统一集权并使自己的意志传承下去，除年代久远血统稀释后产生逆心外，刘氏宗亲还是具有传承汉初意志与文化的良好作用的。

2.汉文化的当代遗存

汉朝开创性的政治制度、文化思想等，通过徐州这些刘氏宗亲的历代传承与发展，虽然谈不上是汉朝文化的发源地，但四百多年的历代沉积，徐州亦可谓是汉朝文化积淀与传承之地。汉朝保存至今的墓葬遗迹主要有汉代陵墓、汉兵马俑、汉画像石，并称“汉代三绝”。其墓葬形制、陪葬器物、工艺美术等都是我们研究与了解汉代社会、经济、文化等第一手的资料，可以使我们亲身感受汉代的生活状态与精神理念。延续至今的汉代风俗文化，依然跨越两千年的漫长历史，浸润着当今徐州人的生活，影响着徐州人精神理念的点点滴滴。

所有这些，都彰显着大汉王朝对徐州有着绵延两千多年的深远影响，其历史遗存与文化传承，都深深镌刻着汉代的烙印，所以才有了“秦唐看西安、明清看北京、两汉看徐州”之说。

（二）徐州汉代文化的当代形态

1.行政区划变革

两千年后的今天，徐州地区的行政区划，与汉代有着很大的区别，但中心地区，依然以彭城为主体。除了汉初的“郡国并行制”，到汉景帝刘启“七国之乱”后颁布“推恩令”，让楚王的行政、军事、经济权力遭遇极大变革之外，徐州在西汉和东汉的行政区域相对稳定，皆属徐州刺史部。西汉称楚国，治彭城，下辖：彭城，留县，武原，傅阳，吕县，梧县，甾丘等地；东汉称彭城国，治彭城，下辖彭城、留县、广戚、傅阳、武原、吕县、梧县、甾丘等地。

现在的徐州，行政区域依然是以故彭城为中心，比汉代楚国的封地略有变化，汉代隶属沛国的丰县、沛县；汉代隶属下邳国的下邳、良成、司吾（即今邳州、新沂、睢宁的部分），都成了今天徐州行政区域的部分。

2.社会与文化变革

西汉初年，高祖刘邦行政上实行中央集权的三公九卿制度，实行了中庸怀柔的“郡国并行制”，以彭城为都设立楚国，并以“无为而治”的思想实行休养生息政策。历经文景之治，汉朝逐渐繁荣富足的同时，也逐步削藩，限制诸侯国的权力，加强中央集权。直到汉武帝颁布推恩令，一个真正中央集权的汉朝得以建立。而以儒学治国导致儒家学说的兴盛，使得儒家学说与文化思想，成了汉代的文化根基，真正实行了国家统一与文化的统一。之后的两千年里，徐州人民一直生活在帝王中央集权的封建社会中。

直到辛亥革命与中华人民共和国成立后，在这片土地上实行了两千多年的封建制度，才被历史的车轮远远地抛在后面，我们已经是以马克思主义为指导的人民民主专政的社会主义国家，开创了全新的属于人民的历史篇章。现代科技的进步，已经使得徐州的经济发生翻天覆地的变化，当代徐州市的人口接近900万，是西汉初年总人口的二分之一，是汉朝鼎盛时期总人口的七分之一。

但是，纵使历经两千年风霜的洗礼，中国人民依然生活在先祖遗留下来的土地上，传承着先祖的血脉与文化。汉族，这个庞大的血脉与文化共同体，从汉朝开始直至今日，已经深入中国人的血液中，有着强大的民族凝聚力与认同感。尤其是徐州，作为汉朝开国皇帝高祖的发源地，具有深厚的汉文化渊源。

3.汉代文化的影响与产业化

汉代文化的深远影响，在徐州可见与可感受的有两个层面。一是文化与风俗，徐州依然可以感受到汉代文化风俗的影响。汉初的黄老思想，汉武帝之后的儒家思想，都在当代徐州人民的价值体系中有着或多或少的体现。汉初的隐忍与毅力，西汉全盛时期的开创与进取的精神，作为“汉族”的族群意识与家族观念，以及一些风俗与日常生活的细节等，都由汉朝开始，历经漫长的岁月，流传至今，深入到人民的生活中，深入到了血液里，在你没有感受到它存在的时候，它已经深远地影响了我们的族群，影响了我们的一生。二是汉代文化在当代徐州显现的模样，主要通过一些载体显现。首先是一些历史遗存，比如徐州人耳熟能详的狮子山汉墓、龟山汉墓、戏马台、拔剑泉等等，这些汉代墓葬和历史遗存，都成为当代人了解汉代文化最直接的载体。除此之外，仿汉代建筑风格的现代建筑，汉代的饮食方式，汉代的教育等等，在生活的很多方面，我们都可以感受到汉代文化的影响，并且在它的影响下已经逐渐形成汉文化的产业化特征。

二、徐州汉文化的产业化现状

（一）徐州汉文化资源的开发

1.汉代考古资源的开发

谈徐州汉文化的产业化，我们首先要谈到对徐州汉文化的发掘与传播。只有首先对徐州地区汉文化的理解达到一定的深度与广度，同时结合现代经济形态，才能使二者良好结合，形成具有发展潜力的汉文化产业。

对徐州汉代历史的挖掘，更多见的是在汉代墓葬遗存的考古，以及历史典籍的研究上。不可否认的是国内专家和徐州本土专家，对徐州汉代考古所做的付出与学术成果是有目共睹的，他们对徐州考古遗存、史料记载的研究与整理，给我们还原了一个真实的汉代社会生活图景，以及墓葬、工艺、体制、风俗等等一系列汉代相关知识。由此在徐州出现了诸多汉文化专家，深入研究汉代政治体制、哲学思想、道德观念、工艺美术、文学、军事、民生等汉代社会生活的各个方面，并且推出了成体系的汉代文化研究成果。

2.徐州汉代思想文化的开发

汉朝作为中国第一个实现帝国统一与文化认同的朝代，除了历史遗迹之外，它必定有着其秉持的价值体系、哲学观念，以及文化统一带来的深远影响。汉文化专家的研究与学术成果，使我们能站在一定的高度，梳理汉代文化脉络、缘起与传承，更加全面更加深入去学习汉代哲学思想，了解汉代文化体系，体会汉代精神理念。由此引导当代民众去追溯汉族文化的渊源，去寻求中华民族共通的文化根源，以共同的文化根源，去凝聚成一个民族的共同体。人民对国家的认同，不仅仅是对国家疆域的认同，更多的是对共同的血脉起源与文化之根的认同。同时，汉代文化能帮助我们以古鉴今，使我们更了解当代文化与历史的传承关系，帮助当代文化思想确立脉络与方向，引导人民在历史的导向中寻找正确的发展方向。

（二）徐州两汉文化的产业化现状

1.产业化载体与现状

文化的产业化，需要具备产业载体方可实施，对于汉文化的产业化来讲，更是如此。徐州的汉文化产业，最为典型的是以汉代墓葬为媒介，以发展旅游业而完成其产业化成型。对于汉文化的产业化来讲，依托汉代文化遗存发展旅游业，是最直接且有效的汉文化产业化之路。既然我们一直在说“两汉文化看徐州”，我们对徐州的两汉文化的历史地位是有着清醒认识的，但搭载徐州汉代文化的旅游产业，并没有做到全国范围的影响力，而只做到了徐州及周边的区域影响力。这说明徐州汉文化旅游这一产业，还是有着巨大的潜力可挖的。

再者，旅游业只是文化产业的其中一项，可能这一项是目前汉文化产业化相对成功的项目，但文化产业应该成体系进行，而非一条腿走路，汉文化的产业化载体应该更加丰富多彩，更加多元化。应该加大力气塑造更多元的汉文化载体，使之相得益彰，共同进步。

2.汉文化的徐州品牌与影响力不足

徐州与汉代有着极深渊源并保存大量汉代遗存，对徐州汉代历史的挖掘、研究与文化传播，应该是同步进行，也就是专家学者的研究成果应以多渠道分享给大众，同时塑造文化品牌，多渠道扩大品牌影响力。文化产业不应仅局限于当前的经济利益，而应做更宏观和长久的战略布局。文化必须通过产业化的载体传递给民众，以达到文化的渗透与影响。同时徐州的文化品牌形象，也需要通过两汉文化产业载体，扩大其品牌影响力与知名度。

但是徐州的汉代文化，除了成就少数专家的学术研究之外，更应该注重将这些学术研究成果，尤其是汉代的历史、典故、风俗等等，传播给徐州的百姓，甚至传播至全国乃至世界，使之作为徐州的文化名片。笔者曾亲身经历一群艺术史的学生在谈论兵马俑，仅次于秦兵马俑的汉代兵马俑，其历史位置比前者可能稍逊一筹，但它在民众中的知名度，并未达到其应有的影响力。更可悲的是，纵使知道汉代兵马俑的人，也更多只知道咸阳的汉代兵马俑，而不知道徐州的汉代兵马俑。这说明徐州对汉代文化的传播，仍需做更多的努力与工作，真正实现成体系的文化产业之路，使其成为著名的徐州名片。

三、徐州汉代文化的市场化

（一）汉代文化对文化、教育、生活理念的影响

汉代文化的市场化，首先是一个文化渗透与文化认同的过程，汉代文化的民族认同，是在历史积淀下本身就存在的，只是对于大多民众来讲，这种文化的积淀对自我的影响是潜移默化式的，只有很少学者能清醒认知与分析，大众是“身在此山中，云深不知处。”这就需要通过教育与风俗等形式将汉文化更深入地渗透到每个受众心中，使其可以在生活中去感悟和深化。

1.教育与文化

在教育中去渗透汉代文化，可以有多种形式。最直接的形式是在学校中开设的历史与美术史课程，通过课程教学的方式，将汉文化知识直接输送到学生的知识体系中。除了在课程中去讲汉代的史实与考古、工艺美术之外，更应将时代的社会、哲学、经济、文化背景等与史实、工艺、制度等联系起来，看清汉代文化的前后传承关系、历史必然与偶然、帝王个人意志与民众需求等之间的关系，这样学生才能对汉代文化有着更完整和深入的认识，而不是只知史实而不知其前因后果和传承关系。

除了学校教育之外，文化教育还可通过多种多样的方式，传达给受众，除了开放博物馆藏参观之外，更多的汉代文化展览、汉文化活动、汉代文化讲座等，都可以对民众进行直接的汉文化教育。

通过教育传播汉文化，是一个长期和层层递进的过程，应该长期、有序地去建立区域性汉文化教育传播的途径、内容和方式，不能急功近利，让两汉文化逐步走近更多的人群，走进人们的生活，让两汉文化形成深厚的社会文化潮流。

2.风俗与生活

除了教育之外，汉代风俗及其所体现的生活理念，更应该以润物细无声的方式渗透到民众的生活中去。历经两千余年，有些汉代的风俗至今仍被保留，也有一些风俗在历史的演进中改头换面或者消失。虽然汉代先祖的风俗有一些是起源于祭祀活动和鬼神说，但也无须一味以封建迷信否定之。我们更应从文化的角度去看待先祖留下的传统风俗，在保护的同时选择性地倡导，以加强文化对生活的引导。

尤其在经济快速发展的当今，风俗与传统被快速发展的社会冲击，越来越多的民众无暇顾及或不屑于保持传统与旧时的风俗了，甚至连汉族最重要的春节都越过越淡了，越来越没有年味儿的春节，恐怕是徐州人民乃至全国人民共同的感受。那么在快速发展的当下，在抛弃传统的当下，我们发展的前路在哪？目的何在？对于民众个体来讲，恐怕是要去思考生命的价值与生活的方向。汉代文化作为华夏大地第一次塑造的民族文化认同，其中的文化传统与风俗，必有我们寻找民族文化之根的凝结点，找到这个凝结点，汉族人民的每个个体才会在这个文化核心的指引下凝聚成民族的整体。

（二）两汉文化的市场载体

汉文化的市场化，需要在之前谈到的文化背景下，才能更好地进行，没有汉文化在民众中的渗透与影响力，汉文化的市场化就无从谈起。当然，具备汉文化背景和汉文化的市场化，是在发展过程中相互促进，相互加持的。而在市场化的过程中，是需要实实在在去一步一步进行，既要背靠深厚的汉文化沉淀，又要有丰富的市场经验与战略眼光。同时汉文化的推进与市场化战略，都是要对接一定的市场载体才可进行的。我们需要根据不同的市场载体，去具体分析市场载体的作用及市场化的形式。

1.旅游

我们首先谈旅游。两汉文化在旅游业中落地市场，是徐州进行较早、规模较大也较成熟的载体。近些年徐州已开发的两汉文化旅游景区已经有徐州汉文化景区、沛县汉城、龟山汉墓、戏马台景区、汉画像石馆等等，深入地挖掘了徐州的两汉文化资源，并且取得了一定的成果与民众影响力。

但是，徐州两汉文化的旅游产业恐怕要比现状更具潜力。首先徐州的汉文化旅游没有一个知名度非常高、吸引力非常强的品牌性旅游景点，就像我们耳熟能详的秦始皇兵马俑博物馆一样。徐州需要挖掘具备汉代典型文化特征的遗存遗迹，将其精心塑造成徐州的文化品牌，并通过多样的方式传播其影响力与知名度。

其次，在旅游龙头品牌的带动下，应打造一条或多条精品旅游线路，将现有散落的旅游景点，串成一个丰富多彩的旅游路线，并且将徐州美食、工艺、娱乐等搭载到旅游路线中，同时加强旅游服务意识与管理，不仅仅是要吸引徐州周边的游客，尤其是应该让中国的游客都知道徐州、认可徐州、喜欢徐州。

再次，应加强塑造徐州作为旅游城市的良好形象，并通过媒体与交流活动，将徐州的汉代文化、传说、习俗、工艺等介绍到更多的地方，让更多的人知道徐州的汉代文化，了解徐州的风土人情，了解徐州的特产美食，从而喜爱徐州的特别之处，对徐州这座城市产生向往之心，这样游客自然不请自来。

2.建筑

徐州是没有保留完好的汉代建筑遗存的，就连近代仿制的汉代建筑也比较少见。除了徐州复兴南路的汉桥之外，恐怕徐州人民都不知道哪里还有大型的汉代风格的建筑。而建筑是人栖居与活动的场所，在一个城市中，是人们出行生活最常见到和依赖的场地。而承载了文化价值观、建筑工艺与审美取向的典型建筑，势必会对这个城市的民众产生有力和持久的文化与审美感受。

两汉的建筑风格形成，直观的原因是受经济能力和建筑工艺水平影响的。但更深层的原因，是因为汉代的文化，其早期的“黄老学说”与“无为而治”思想，才导致汉代在建筑宫殿时，想达到顺应自然与天人合一的理念，而采用了在巨大的夯土阶基上，以木质斗拱结构筑屋。其简洁的宫殿造型，质朴粗犷、气度非凡，这一切都是文化理念造就的审美取向的显现，才会有这样具备时代典型特征的宫殿形制。所以汉代建筑是一种汉代文化的体现，是汉代精神的象征，是汉代审美观的集中显现。

徐州应该建设更具汉代文化特征的建筑地标、文化广场、景观雕塑等公共设施，让徐州人民和外地游客，都能在这样的公共建筑设施中即时感受到两汉文化的典型特征和审美取向，感受到两汉文化的非凡气度与精神气质。

3.饮食

“民以食为天”，饮食是维持人类生存最重要的东西之一，两千年前的汉代，出现了炉灶，有了炉灶，对火和温度的控制达到了更高的水平。其次，冶铁业的发展，使得铁锅也在这个时期流行起来。这些烹饪工具的变革，使得汉代的烹饪方式开始多样化，有蒸、烤、煮、羹、炙、炮、煎、熬、烝、濯、脍、脯、腊以及醢等多种方式。

其次，由于张骞出使西域带回了黄瓜、大蒜、葡萄、香菜、苜蓿、石榴等作物的种子，让汉代人的食谱种类大大增加，而这些东西，自从汉代引种到中国，直到今天一直是我们餐桌上不可或缺的美食。

再次，汉代也是宴会、酒肆发展成熟的时期，从此中国的宴会习俗、节庆饮食，都开始具有了典型的汉代文化特征，并形成了特定的风俗传统保留下来。都起源于汉代，这些烹饪方式食物种类以及饮食习俗是我们感受汉代文化一个非常直观的方式。如果将一些汉代烹饪工艺复原，我相信将是传承发扬汉代文化的一种非常好的方式，也会成为徐州城市味道的独特记忆。

4.工艺美术

汉代是中国早期真正实现中央集权和帝国统一的时代，国力空前强盛，疆域空前庞大，是中国历史最具开创性的时代。在汉初黄老思想，尤其是在鼎盛时期的儒家思想影响下，汉代的工艺美术也发展出了独特的艺术特性，典型地表现在建筑装饰、墓葬形制、青铜器、漆器、纺织品等很多方面。汉代工艺技术精良、纹饰简洁、古朴典雅，充满进取精神与磅礴气度，而不陷于玩弄精雕繁饰，这些都与汉代的文化精神与审美趣味保持高度一致。

由于时代的变革，汉代生产生活中实用的物品，在今天已经几乎不再被民众使用。但其工艺美术的风格与审美，却可以让当代工艺美术相形见绌。尤其在徐州，遗存了大量的汉代画像石、玉器、陶器、铜镜等，其形制与纹饰在今天看来古朴灵动、简洁大气、品位高古。这些典型的工艺美术纹饰与风格，或可以拿来直接进行工艺美术的再创作，或可以汲取其审美根源，为当代工艺美术注入更具文化底蕴的新风格。

徐州现存汉代工艺美术的高质量复制品较少，这是汉代工艺美术市场化最直接的手段。汉代铜镜、玉器的小型复制工艺品，应该作为旅游景点的纪念性物品，广泛发放与出售，让游客将汉代文化带回家，作为对徐州城市的纪念与汉代文化的收藏保存起来。

徐州民间工艺美术种类繁多，但受汉代工艺美术的影响已经微乎其微，在民间工艺美术中，应引导民间工艺传承人，学习与吸取汉代工艺美术精髓，将汉代工艺美术的形制、纹饰、风格引入当代工艺美术的创作中，提升当代工艺美术的文化内涵，同时也提升当代工艺美术的市场价值。

5.影视动漫

在当今资讯爆炸的时代，影视、动漫借助新型传播媒介（电影、电视、网络等），以其裂变式的传播特性，呈现出爆炸性的传播能力，不受区域限制地与受众对接。两汉文化的载体亦可嫁接最新型的当代媒介，扩大其知名度与影响力。

其一，寻求与影视、动画公司合作，编创制作徐州两汉文化相关的纪录片、电影、电视剧、动画片等，影视的庞大受众可以使徐州两汉文化品牌在更短时间内产生巨大的影响力。电影电视剧和动漫是当代流行的视觉媒介，深受民众尤其是年轻人的喜爱。这种视听艺术的综合体，是一个非常强大且有效的搭载媒介。白蛇与许仙的故事，就是通过电视剧《新白娘子传奇》而家喻户晓，同时也提升了雷峰塔、西湖等景点的文化品牌。

再次，参与制作影视剧，可以引入一些剧组到徐州取景，让徐州的一些汉文化载体参与到影视制作中，比如风靡中国的《舌尖上的中国》之类的纪录片，《解忧公主》之类的影视剧，都可以引入剧组到徐州拍摄，在影视剧中植入徐州两汉文化元素。尤其是电视剧《解忧公主》的拍摄，虽然该影视剧有少量的徐州取景，但是徐州并没有很好借力该部电视剧宣传徐州汉文化品牌。一位出生在徐州的汉代公主，成为一部知名电视剧的第一女主角，由明星张歆艺出演，徐州大可借力该部电视剧和张歆艺的明星效应，大力宣传徐州的两汉文化品牌，而错失这样良好的宣传机会非常可惜。

（三）当代汉文化的市场形态对接

1.新时代的契机

2013年习近平就任国家主席以来，数次提及中华民族的根在传统文化。习近平主席指出：“中华文化积淀着中华民族最深沉的精神追求，包含着中华民族最根本的精神基因，代表着中华民族独特的精神标识，是中华民族生生不息、发展壮大的丰厚滋养。中国共产党自成立之日起，就既是中华优秀传统文化的忠实传承者和弘扬者，又是中国先进文化的积极倡导者和发展者。要用中华民族创造的一切精神财富来以文化人、以文育人，决不可抛弃中华民族的优秀文化传统。”

经济的发展以及国家的政策导向，都指出传统文化是中华民族的“根”与“魂”。在经济飞速发展的今天，尤其不能忽略和抛弃传统文化对民族魂的凝聚力，这是中国民族之所以强大和发展的根基，没有了这个根基，再强大的经济，都是无源之水，无本之木。中国如果要保持强大和持续发展，对传统文化的需求与依赖会与日俱增。再者，经济强大必然带来文化的繁荣，也必然带来人民群众的文化需求，对中华民族来讲是如此，对人民个体来讲亦是如此。所以，现代中国会是一个文化蓬勃发展的时期，也是文化产业发展最好的时期。

2.市场化与传播媒介

当代中国经济形式与文化导向都是呼唤文化繁荣的新时期，那么徐州两汉文化的产业化，就必须依托新时代的背景进行更加符合时代的变革。当代经济文化形态发展迅速，更新换代节奏加快，我们在研究传统汉代文化的同时，要把握时代经济契机与文化潮流，才可适应时代，更好地推进两汉文化的开发与利用。

首先，我们要更加深入研究两汉文化的精髓与表现形式，将其真正理解与融会贯通，然后依据当今经济形态与市场需求，寻找两汉文化的新时代载体与新时代形式，将其塑造成体系化的市场形态，使其在一定的市场体系下多元化发展。

其次，当代的汉文化产业要把握人民群众的文化与生活需求，一边引导群众的文化品位，一边适应群众的文化诉求，不能总是高高在上对群众进行宣传教育，而接地气地完成真正的产业落地，才是两汉文化产业可以实施的途径。

再次，两汉文化的产业化，要站在新时代的潮头，去做总体的策略制定和布局。要善于利用新时代的新媒介，去助力汉文化品牌的传播与实施，比如当代的影视产业和网络媒体，它们是真正弥合地域限制的大数据传播平台，是徐州汉文化产业走出徐州的强力推手。

"一带一路"上的创意徐州："汉文化+"

王　建[1]

"赢在徐州"——2018徐州市第二届文化创意产品设计大赛开幕式中，富有汉文化元素的磁性书签，刻有汉画中比翼鸟吉祥兽造型的瓷盘，制作精美的状元及第笔记本，种种富含徐州地域烙印和设计单位标识的文创产品，吸引了来自省文物局、南京博物院等单位的文创专家的目光。

全球经济一体化，科技产业已然因全球化而趋同，文化产业的潜力日益突出。徐州博物馆大门一侧的第二届文创大赛海报上"要么去改变，要么被改变"的标题，既是一个号令，又像一个警示。

2017年3月徐州博物馆被江苏省文化厅、江苏省文物局授予徐州市唯一一家省级文化文物单位文化创意产品开发试点，一年来，徐州博物馆以"文化＋创意＋生活"的理念，与社会力

[1]　王建：徐州日报社总编辑。

量深度合作，推动了徐州文创产业的发展。

一、盘活博物馆资源激发文创内生动力

文运与国运相系。习近平总书记多次指出“让收藏在博物馆里的文物、陈列在广阔大地上的遗产、书写在古籍里的文字都活起来”。积极盘活博物馆资源，让走进博物馆成为群众的日常习惯和时尚文化，对于传承中华优秀文化、增强文化自信有着潜移默化的作用。

2018年1月，江苏省发改委制订《支持徐州建设淮海经济区中心城市意见重点任务分解方案》，“加强文化传承保护，支持徐州博物馆创建国家一级博物馆”是70项重点任务之一。以创建国家一级馆为契机，徐州博物馆在新起点上全面开启发展新局面，在诸多富有创意的专题展、游园、讲座活动中，博物馆改变了以往给人的老古董印象，逛博物馆已然成为时下城市文化生活的一种潮流。

围绕促进“产、学、研”有效对接，激发文创产品研发内生动力，2017年，徐州博物馆会同中国矿业大学建筑与设计学院、徐州工程学院，按照“协同、创新、合作、共赢”的原则，联合成立了徐州市文化创意设计协同创新中心。

“对于博物馆来说，最重要的文创产品就是策展。”徐州市博物馆副馆长刘照建介绍：“为宣传推介两汉文化，2017年徐州博物馆参与或独立主办了系列外展五个，分别在美国纽约大都会博物馆、华美协进社中国美术馆、旧金山博物馆、纳尔

逊艺术博物馆和德国柏林国家博物馆举办。特别是5月23日在华美协进社中国美术馆开幕的《楚王梦：玉衣与永生——徐州博物馆汉代珍藏展》，是徐州博物馆首次在美国、首个独立策展的文物展览，共展出各类文物106件，《纽约时报》等重要媒体都作了宣传报道，在当地产生了极大影响。”

为进一步使静态藏品“活”起来，徐州博物馆将在今年内完成数字三维云导览系统，包括20件精品文物三维数字模型、展厅虚拟导览系统、数字体验区等。届时，清新、活泼、充满亲和力的参观体验将让文物不再晦涩和冰冷。

二、创新形式打造公共文化服务品牌

公共文化的创新服务也属文创。为了让博物馆真正走入千家万户，充分发挥其特有的社会教育功能，徐州博物馆充分利用社会力量，成立了理事会、监事会、徐博之友会等，集思广益，促进博物馆事业发展。

2018年春节前，在徐州博物馆开展的大型古生物科普展“‘洪荒印记’——辽西古生物化石科普特展”上，一位抱着孩子的年轻奶爸说，自己小时候经常在徐州展览馆观看各种有趣的科普展，近一二十年来，像这样的化石科普展还是第一次。据悉，徐州博物馆办科普展不光是首次，而且该展的开创性还在于：首次吸纳社会力量参与主办展览、首次采用低票价市场运作满足不同人士的文化需求、首次以团队形式分工协作办好展览。活动现场，徐州博物馆与院校合作开发的文创产品也受到欢迎。

刘照建说："徐州博物馆突出民众文化需求导向，积极拓展社会服务项目，更新改造教育设备设施，不断提升公共文化服务水平；培树'徐博讲坛'历史文化教育品牌，每年陆续邀请国内外知名历史考古学科的专家学者来馆举办公益讲座，有力地发挥了博物馆社会教育与服务功能；打造'古彭寻踪'——青少年社会教育活动品牌，与徐州市教育局德育办、《彭城晚报》小记者团、快哉网等联动合作，出版《汉风物语——讲述文物背后的故事》等系列科普读物；推出公众考古活动品牌，按照'边发掘、边开放'的理念，依托馆内土山东汉彭城王墓的考古发掘工地，让广大游客走进考古现场，向大众普及考古和文物保护知识。"

三、搭建融合发展平台拥抱创意"蓝海"

继成功举办徐州市首届文创产品设计大赛之后，以徐州博物馆为主阵地的第二届文创产品设计大赛被列入了2018"赢在徐州"全市16个分项赛事之一，文博创意、民俗创意、旅游创意、文学创意、生活创意，五大类创意直观地解说了文创的基本内容。与上届相比，创意范围扩大，奖金数额增加。

2018年3月20日的徐州博物馆文博创意产品成果临展吸引了徐州八家文创单位的参展，除了徐州博物馆以文物为主题的钥匙包、卡式U盘大受欢迎外，各家都亮出了自己的精品。徐州汉画像石馆馆长杨孝军指着展柜中的汉画拓片、围巾说，汉画虽然是一种墓葬文化，但我们取意其中的吉祥符号，打造本馆的吉祥品牌。徐州技师学院工艺美术学院带来了精美的手工玉雕，这些以徐州经典汉玉为原型的手工玉器在徐州凤凰书城和文博园都有很好的市场。在瓷盘上刻画的杨增强表示，下一步将增加徐州苏轼文化和彭祖文化的风景创作。

“经济领域常用‘蓝海’形容未知的市场空间，这个词用来形容徐州市当下的文化创意产品开发再合适不过。”刘照建说：“富有徐州文化符号的文创产品是传播徐州历史文化的使者，为培育文创产品研发基地和优秀设计师团队，打造集传统文化、现代科技、艺术价值、实用功能于一体的经典文创产品，激发徐州市创新创业热情，徐州博物馆深度挖掘徐州文创产品的开发制作资源，将具有设计开发能力水平的各行各业的手工艺人、非遗传承人以及部分民营公司企业规范引导整合到徐州博物馆旗下，依托徐州博物馆这个黄金平台，推出‘徐博’文创品牌，在淮海经济区努力树立徐州文创产品的设计、生产和销售的领先地位。”

四、探索多元开发模式做城市文创领跑者

“文化创意产品设计有三个境界”，刘照建说：“初级层面即表皮式衍生，将文化图像、元素以符号化、图腾化的方式融人现代产品设计；中层层面是骨架式衍生，是在分析文化内涵基础上的再发掘，实现文化元素与现代产品在功能、使用方式等方面的有效对接；最高境界是意蕴式衍生，是产品剥离了

具体的形象、元素或符号，核心源于文化内涵。”

据介绍，为加强自主研发与合作开发，徐州博物馆采取事业单位招考和人事代理相结合的方式，积极引进艺术设计、动漫、美术学等专业设计人才和社会力量参与文创合作开发，截至目前，已开发文物复仿类、旅游纪念品类、图书邮品类、实用纪念品类、办公用品类、学生文具类等七大类文创产品近500余种。

为避免文创工作少走弯路，徐州博物馆在考察学习南京博物院文创研发营销工作的基础上，经充分论证，引进江苏省博物馆商店联盟，设立江苏省博物馆商店联盟徐州店，打造“博苏堂”品牌。为有效解决资金不足问题，按照“轻资产”投入、“零库存”运营的理念，与上海耕古文创公司合作，首批授权20幅馆藏文物版权，对授权性质、使用范围、授权许可费用、文创产品的著作权归属等做了明确界定，并在文创产品的外包装的醒目位置标明“徐州博物馆授权许可使用”字样，为游客提供精美文创产品，提升生活文化品位。

对于未来，刘照建说：“徐州博物馆将在观音机场、高铁东站以及诸多文化旅游景点开设连锁店和加盟店，并向旅游、动漫等相关产业发展，争取国家政策扶持，走产业与市场相结合的道路，不断提升文创产业服务社会的能力，使文创观念深入人心，文创发展成果惠及民生。”

五、汉文化+文创产品研发前景广阔

在北京举行的2018年中国汉画大展上，由徐州汉画像石艺术馆参展的九大类20余件文创产品成为汉画大展上的一大亮点，受到好评。

徐州汉画文创产品优势以历史悠久、素材精美、资源丰富见长，设计方向以保持汉画造型特点、色彩绚丽种类丰富、年轻时尚引人注目为特色。此次参展产品既有以研究为主的徐州汉画像石线装书、汉画像石拓片，也有以收藏为主的徐州汉画像石扑克牌、丝织画。

“富贵常围”汉画围巾上的“十字穿环”和车马出行是汉画中常见的题材，其中“十字穿环”的圆环又为玉璧、钱币，象征着财富和富有，十字穿环还寓意阴阳调和，子孙昌盛，大吉大福。此丝巾采用真丝拉绒技术，用100%的天然桑蚕丝将苏州传统丝绸文化与馆藏珍贵汉画像石完美融合。

“飞黄腾达”汉画丝巾画面中间刻有飞马，名曰“飞黄”，传说它是龙翼马身“黄帝乘之而仙”，“飞黄腾达”的典故由此而生。画面上方刻有一日轮，中有三足乌，下方刻一头神象，旁边刻有祥禽瑞兽。丝巾采用100%天然桑蚕丝，以弘扬中华民族优秀传统文化为理念，画面意境深蕴，时尚优雅，尊贵脱俗。

目前，立足于“汉文化+”的文创空间已经在徐州市回龙窝历史文化街区正式成立，江苏师范大学、徐州工程学院等一大批汉文化学者投身其中，一大批文化创意产品已经研发成功并上市。

徐州汉文化做大做强之路探析

刘照建[1]

一、徐州汉文化的概念

“汉文化看徐州”，这句响亮的口号，现在可谓家喻户晓。可是什么是汉文化，有什么内涵与外延，未必人人清楚。关于文化定义有近百种之多，具体就汉文化而言，有广义和狭义两个方面的内容：广义指以汉民族为主体的中华民族所创造一切文化的泛称；狭义一般则指两汉期间留存物质和精神遗存的总和，它包括两汉都城西安、洛阳和遍布全国的诸侯国、郡县的一切文化。

徐州汉文化包含三重意思，一是徐州，这指的地域性，不仅指徐州市区，还包括丰县、沛县和睢宁县。二是汉，说的是时代性，我们认为徐州汉文化的时间，应从秦末农民起义楚怀

[1] 刘照建，徐州市博物馆副书记、副馆长、研究员。

王熊心自盱眙迁彭城起，历西楚霸王项羽定都、西汉楚国、东汉彭城国，直到三国时的徐州，前后约670年间的历史遗存。三是文化，说的是内涵，是指上述时间内徐州人创造的物质和精神文化总和。物质遗存大家都能看到的并且耳熟能详的是汉代三绝；精神文化则是史实、传说、成语、典故、诗词、歌赋等。

徐州是大汉王朝的发祥地，有最值得我们骄傲的老乡——汉高祖刘邦。刘邦和他率领的丰沛集团从徐州登上历史舞台，创造了中国历史上第一个辉煌强盛的时代，奠定了中华民族的主体——汉族，汉语、汉字等泽被万世。因此徐州汉文化已经不仅仅是一个地域文化，更具有国家和民族的双重意义。

党的十九大指出，坚定文化自信，文化兴则民族兴。今天徐州正在建设淮海经济区中心城市，需要传统文化支撑，而徐州汉文化恰好呈现的就是“强汉盛唐”之汉代辉煌盛况，这里有民族复兴的精神源泉。我们谋划新时代的汉文化建设的各项工作，做大做强徐州汉文化特色品牌，向世界讲述徐州汉文化辉煌，就是以实际行动贯彻落实党的十九大精神，切实履行守护中华民族精神的光荣使命，助推中华民族伟大复兴，为徐州淮海经济区中心城市建设做出更大贡献。

二、徐州汉文化开发利用现状

有着2600余年建城历史的徐州，地上地下文物古迹众多，汉代遗存尤为丰富。多年来，徐州全力推进汉文化研究利用工作，汉文化研究成果丰硕，汉代文物资源切实得到保护和开发利用，初步使徐州汉文化成为国内外有影响的文化名片。主要表现在以下几个方面：

（一）发掘保护千余座汉墓，徐州汉文化的丰富内涵凸显

几十年来，经过考古工作者的不懈努力，徐州境内先后发现发掘了千余座汉代陵墓，其中包括八处18座西汉楚王（后）墓，两处三座东汉彭城王、下邳王墓。以西汉楚王墓最具特色，修筑方式是选择山腰向山腹内开凿，模仿地面建筑布局，营造数量众多洞室，既有象征楚王的宫殿，又有生活起居的配套设施，甚至还有完善的防水、严密防盗设施，宛如搬到地下的宫殿建筑。

墓葬出土了大量精美文物，仅狮子山汉墓出土文物达2000余件套，精美玉器有200余件，钱币17万余枚，当年即被评为全国十大考古发现之一。徐州汉墓内出土的金银器、铜铁器、陶俑、玉器、玺印封泥、铜镜乃至汉画像石，在海内外已具备一定的影响。

（二）建设一批保护展示汉文化的场馆景区

多年来规划建设了北洞山汉墓、汉兵马俑馆、龟山民间博物馆区、汉皇祖陵、白集汉墓等一批汉文化主题项目。先后完成徐州博物馆、徐州汉画像石艺术馆及徐州汉文化景区、龟山汉墓等改扩建工程，使徐州汉文化开发利用进入高速发展的快车道。

（三）通过文物和文艺作品，向海内外展示徐州汉文化

认真贯彻落实习近平总书记关于传承中华优秀传统文化、让文物“活起来”等一系列重要讲话精神，以徐州博物馆为主体，精心策划推出“讲徐州故事、谱汉风新韵”汉文化系列外展。已先后独立在澳大利亚、奥地利、法国和英国举办徐州汉文化展览。2017年在境内外举（参）办系列文物展览六个，其中境外五个、境内一个。特别是在美国纽约、旧金山举办的汉代文物展览，引起较大轰动，进一步增强了徐州汉文化品牌的影响力和城市文化竞争力。

坚持以汉文化元素为核心要素，高起点策划实施“舞动汉风”文化建设工程，先后推出大型原创音舞诗剧《汉风华章》、功夫舞台剧《汉风武林》等根植徐州本土、思想内涵突出、彰显汉文化精神的优秀文艺作品；拍摄了电视连续剧《汉刘邦》《解忧公主》，正在拍摄《大风歌》《大帝刘邦》等，放大了徐州汉文化品牌效应。

（四）精心打造一批汉文化活动品牌。

围绕“汉风舞彭城·放歌新徐州”主题，组织策划了“汉文化旅游节”“刘邦文化节”“动感彭城”“汉韵佳人”选秀等特色文化活动，举办“汉风大讲堂”“汉风读书月”等品牌项目，在公共文化服务方面展现汉文化魅力。整合国内汉文化研究顶尖资源，实施《汉学大系》百卷系列丛书工程。

一系列大手笔大动作，汉文化已经成为徐州区别于其他城

市的特色标识，成为江苏文化“吴韵汉风”的半壁江山。

三、徐州汉文化建设中存在的问题

虽然徐州汉文化资源的保护、开发和利用得到长足的发展，但是至今没有形成具有重大影响力的城市品牌，未真正形成“汉文化看徐州”的盛况。我国被列为世界遗产的文化和自然景观已达52处，但是自古列为九州之一的徐州，有着2600余年建城历史的国家级历史文化名城，却没有一处世界遗产，就连报送世界遗产中心待批的“预备名单”也没有，甚至没有国家级考古遗址公园，显然和徐州所拥有的丰富汉代历史文化资源极不相称、与其潜在巨大价值很不相称。在江苏的代表性历史文化中，与吴文化的开发利用相比也差距较大，确实是“吴韵很强、汉风较弱”。具体而言，表现在以下三个方面：

（一）对徐州汉文化资源的重要性和潜在巨大价值缺乏认识

缺乏对徐州汉文化资源重要性和价值的高度认识，尤其是对全市社会经济文化发展的促进、引领作用的认识不够。在徐州历史文化名城建设中，徐州的历史文化定位，除汉文化外，战争文化、彭祖文化、东坡文化、运河文化、山水文化等提法很多，当然这些都是徐州深厚历史文化的重要内容，但是在这些历史文化中，汉文化资源最丰富、最具影响力和最具特色，因此最能代表徐州历史文化特色的无疑是汉文化。然而由于认识和观点不同，导致在文化建设投入上出现偏颇，20世纪建设一批新的旅游文化景点，诸如西游记宫、世界奇观、别有洞天、观光索道等，虽然投入了大量资金，但缺乏长久的生命力，而汉文化保护建设却缺乏资金，失去做大做强的第一次历史机遇。

（二）对徐州汉文化缺乏顶层设计和规划

回顾徐州汉文化发掘、保护、建设的发展历程，从第一座汉墓的发现，到第一个景点的建立，再到汉文化节和实施“舞动汉风”工程，做了大量的工作。但是在汉文化开发利用的发展过程中，缺乏对徐州汉文化建设的顶层设计和规划，缺乏战略思考和全域发展目标。徐州的汉文化，我们认为在时间上，是从秦末农民起义楚怀王熊心自盱眙迁彭城，历西楚霸王项羽定都、西汉楚国、东汉彭城国、直到三国，前后约670年时间。在地域上不仅是市区，丰沛和睢宁古邳都有重要汉文化遗存，是徐州汉文化的重要组成部分和不可或缺的内容。在顶层规划设计上应全面统筹协调，错位互补，不应顾此失彼或各自为战。

（三）缺乏具有高度影响力的汉文化景点

任何具有影响力的城市品牌文化，都必须有拳头产品。但是综观徐州的汉文化，场馆虽然已普遍进行了升级换代，但是由于定位不准、研究不够深入，内涵价值没有凸显；资金投入不足，开发建设层次偏低，满足不了游客的需求。最具全国性影响潜力的狮子山楚王墓，定位并建设为景区，很多极具研究和观赏价值的陪葬坑、陵园建筑被填埋没有得到展示，却展示很多与陵园完全无关的内容，冲淡了主题，形成不温不火的局面，没有形成旅游热点。展示徐州出土汉代珍贵文物的徐州博物馆，1999年扩建后在全国地市级博物馆创造了多个第一，硬件设施甚至超过了许多省级馆，成为淮海经济区最好的博物馆，吸引兄弟城市纷纷前来参观学习。但是时至今日全国博物馆有国家一级博物馆130家，我省已有7家博物馆纪念馆入选，但徐州却没有一家，这充分表明徐州文博事业纵向比有进步，但横向比则落后了。这些例子说明，徐州汉文化经过30余年发展，虽然汉文化资源丰富，还是满天繁星没有月亮，缺乏高大上、具有引领作用的“明星”景点，长期以来尚未得到根本改变。

四、做大做强徐州汉文化特色品牌

对于资源丰厚的徐州汉文化，如何才能进一步做大做强？使徐州汉文化内涵更加丰富，个性更加鲜明，形式更加多样，充分发挥汉文化资源在淮海经济区中心城市建设中的作用，彰显楚韵汉风、北雄南秀的文化特质，让江苏文化符号“吴韵汉风”比翼齐飞，我们有以下几点建议：

（一）凝聚共识，加强徐州汉文化建设顶层设计定位

徐州汉文化要取得突破性、飞跃式的发展，必须重新审视

过去发展中存在的问题，理清思路，全市上下统一思想，方向明确，将汉文化做大做强放在全市文化建设的首位，放在全市社会发展的重要位置，上升到城市文化品牌战略层面，上升到江苏历史文化建设中“吴韵汉风”比翼双飞的层面。

要做好徐州汉文化发展战略规划。今年国务院又批准了我市城市总体规划（2017年修订），其中包括历史文化名城保护规划，徐州每一处楚王陵墓都有国家文物局批准的保护规划，但是我们更需要对汉文化建设发展的长远战略发展规划。值得关注的是，市委要求由市政协牵头，调研和起草徐州文化的发展战略，我们认为做大做强汉文化是发展战略的重要内容，徐州汉文化发展战略规划，首先是全面保护不可再生的现有汉文化资源，统筹规划协调汉文化的保护与城乡建设。规划内容应涵盖指导思想、建设目标、实施办法、管理机构、景点建设、研究成果、开发营销以及保障措施等，规划出“时间表”和“路线图”，明确牵头部门和协作单位，明确各自的责任范围，并以文字的形式固定下来，使徐州汉文化建设行驶在规范有序的轨道上。

（二）加大研究和宣传力度，彰显徐州汉文化的价值

1.加大科研力度，提供学术支撑

从20世纪50年代以来，学者们筚路蓝缕，发掘汉墓数千座，发表研究论文数百篇，出版专著十余部，为“两汉文化看徐州”提供坚实的理论支撑。但是我们还应该看到，当前汉文化研究还存在不少问题，尚未深度诠释出汉文化潜在的巨大

价值。

要打破地域和体制的界限，建立一支高水平、专业化的学术研究队伍。应该说学者们研究热情很高，在体制内外都有一些机构和学者在从事汉文化研究工作，如在文化系统之外，还有徐州市政协文史委、徐州市史志办、徐州社科院、江苏师大的汉文化研究院和历史文化旅游学院、社会团体“徐州汉文化研究会”、民间组织“徐州两汉文化传承保护中心”等，需要进行必要的整合和引导，形成研究合力，启动系列研究，共同推动徐州汉文化的学术研究。应定期举办汉文化国际性学术研讨会，将其纳入全市年度招商活动的重要内容，邀请国内外汉文化方面的专家齐聚徐州，共同研讨徐州两汉文化，发布徐州汉文化研究的宣言或共识，逐步将徐州打造成中国汉文化的研究中心。

2.加大宣传力度，让世界了解徐州汉文化

与汉文化学术研究的专业化相比，汉文化宣传普及教育也是当务之急。目前，社会对汉文化认识陷入两种误区：一种认为徐州汉文化就是一种墓葬文化，在旅游开发上文化价值不大；另一种认为徐州汉文化是地方性文化，不具有广泛性和代表性。

其实墓葬与文化的关系密切相连，一座保存完好的墓葬，就是一座埋藏在地下的博物馆，文化是人类在社会历史发展过程中所创造的物质财富和精神财富的总和，而墓葬是文化的载体，是文化的物质表现形式，集中反映了当时人们的宗教信

仰、礼仪和风俗习惯，是当时社会生产力和科学技术发展水平的集中反映。其实埃及金字塔是法老的陵墓，早已成为尼罗河文明的象征和符号；秦始皇兵马俑，人们领略的是秦帝国的千年风采。徐州汉墓实际是徐州历史的物化形式，展现了汉代徐州兴旺发达的经济社会发展盛况，因此关键是我们的引导和宣传。

徐州汉墓是无与伦比的文化资源，即使是汉代都城现在的西安，由于大型帝王陵墓没有发掘，目前能够参观的汉文化资源也不如徐州丰富。徐州汉文化底蕴之深厚，不是吴文化能够相比，但是由于我们的投入少，研究不力，宣传不够，以致汉文化影响力明显逊色于吴文化，因此当前必须做好汉文化的普及教育工作，让全社会都对汉文化有深入的认识。汉文化宣传普及形式要多样化，政府、社会、专家甚至全民参与。电视、广播和报纸等新闻媒体开设汉文化专栏，网站和自媒体应设专题。中小学应将汉文化纳入爱祖国爱家乡的教育内容。各类大讲堂应以专题的形式，定期举办汉文化讲座；文博单位应定期在徐州高校、中等专业技术学校举办汉文化专题讲座。旅游部门抓住汉文化核心，进行旅游宣传推介，达到汉文化宣传的全覆盖。举办汉文化系列外展，讲好徐州汉文化故事。聘请具有国际水平的摄制团队制作广告片和专题片，在国内外重要媒体上播出；设计出高水平的平面广告，在车站、机场、广场等公共场所张贴。编写精美汉文化图册和考古、文物科普读物。启动诸如志愿者计划、小导游行动，组织有关汉文化的摄影、散文、诗歌、小说征文和设计竞赛等，对社会上保护汉文化做出贡献者予以表彰和奖励，并列为“徐州好人”候选人。

此外我们还应该以汉文化精神元素精心设计城市标识，打造城市雕塑。将汉文化凝练为现代元素，融入城市建设发展空间，在规划设计、建筑样式、色彩控制、景观布局等方面充分体现徐州汉文化特质，形成有汉文化风格的建筑甚至建筑群，乃至建设汉文化小镇。命名名称与汉文化有关的社区、广场、街道、公园和园林绿地，甚至道路、桥梁等等。只有这样，徐州汉文化的影响力和知名度才能日益扩大，最终真正形成“汉文化看徐州”盛况。

（三）设立徐州汉文化研究基金

毋庸讳言，汉文化的研究必须有经费作保证和支撑。作为徐州文化建设中的重中之重，为保证研究出版和宣传工作有计划、按步骤进行，设立汉文化研究会专项基金是完全必要的。梳理亟须推进的汉文化研究课题，包括一些基础研究课题，采取面向全国招投标的方式，选择有能力的学者，给予经费支持。也可以特聘、委托外地学者参与研究；将国内外从事汉文化研究的学者整合到徐州汉文化研究的学术大旗下，向徐州两汉文化研究倾斜。

（四）加大建设力度，将徐州汉文化资源保护建设提档升级

1.重点升级改造有潜力的景点

狮子山楚王陵是一个规模庞大的诸侯王陵园，墓室地宫仅

仅是整个陵园一个组成部分，目前展示的远不是陵园的全貌。根据考古调查，楚王陵北侧的羊龟山为王后陵，绣球山有两座陪葬墓，陵园地表有大量的陵寝建筑遗存，分布着各种器物的陪葬坑。应复原陵墓的原生态，将已清理发掘过的陪葬坑重新打开，按原状陈列，将陵寝建筑基址也按原状陈列，将陪葬墓修复开放。经过以上三个方面的建设，规模庞大、遗存众多、埋藏丰富、层次分明、重点突出的西汉楚国王陵景区呈现在世人面前，国内其他任何诸侯王陵墓无法比拟，必将在海内外产生不可估量的冲击力和影响力。

以汉文化为特色“四位一体”的徐州博物馆，在国内外都具有重要影响。但目前展览场所面积仍嫌狭小，缺乏通史陈列，临时展厅偏小，功能性公共服务空间不足，专业用房如文物保护实验室、考古文物资料整理场所拥挤不堪，需要适时进行扩建或异地新建，或将陈列大楼内办公室迁出，将原用房改建为展厅，尽可能扩大展览面积，最大限度地展示徐州的汉文化。

2.建设开放的新的汉文化场馆

将卧牛山汉墓、驮篮山汉墓列入开放日程。当然仅仅修复开放是不够的，毕竟墓葬单体形制大同小异，必须错位发展、特色陈列，重视观众的参与和互动。紧扣“汉墓”主题，挖掘深刻内涵，在其附近建立古墓防盗陈列馆，集中展出古代中国乃至世界范围内各种墓葬内的防盗设施，盗墓贼又是如何千方百计盗墓的，辅以三维动画展示，这将是全国唯一，甚至在世界范围内也是唯一的。营建这样的场所，既满足人们的猎奇心理，又增长知识和趣味，必将引起广泛的轰动效应。

3.积极扶持建设民营汉文化博物馆

给予特殊政策，动员和支持徐州有实力的藏家举办汉文化博物馆。如徐州民间收藏汉镜、汉印、汉画像石等数量较多，可以成立“徐州汉镜博物馆”“徐州汉印博物馆”等，帮助现有民营博物馆提档升级；也可以吸引外地以汉文化为主题的藏家在徐州设博物馆，使徐州建成一系列高质量的汉文化博物馆。

（五）加大徐州汉文化资源向旅游产品的转化力度

有着巨大的汉文化资源优势的徐州，迄今尚未成为旅游热点城市，应依托汉文化资源向旅游产品的上游和下游延伸，拓展汉文化的外延，打造出一流的文化旅游产品，让游客来徐后能够留得下来，玩得高兴。

打造衍生产品，毗邻景区兴建配套设施，诸如建立汉代民俗风情园。建立汉街或汉城，或模拟汉代战争实景，或设立茶坊酒肆，举办投壶宴饮等饮食娱乐的场景，甚至还可以兴建汉代特色旅馆。运用高科技手段，侧重新奇和趣味，将现代人想象力发挥得淋漓尽致，制作出具有汉文化特色的现代休闲体验项目。

制作实景舞台艺术精品，呈现出多彩的徐州汉文化。我市已经打造了大型原创音舞诗剧《汉风华章》、功夫舞台剧《汉风武林》，可在此基础上将楚汉相争、刘邦回乡、解忧公主等相关内容再次整合提炼，选择九里山为背景，打造一台大型实景室外大剧，运用现代视听技术，再现汉代战争场面、生活场景和风俗民情，让来徐州的游客在晚上也有丰富多彩的活动，能够深度体验徐州两汉文化。

研究整合推出徐州汉宴。徐州汉墓出土大量关于汉代饮食的实物材料，汉画像石中有丰富的庖厨宴饮场景，从锅碗瓢盆餐具到各种各样的食材，史书也有许多汉代饮食方面的记载，因此我们完全可以依托丰厚汉代文物资源，研发培育具有汉文化特色的“汉菜”，推出一批好吃好看的名菜名宴，让外地来徐游客在体验汉文化的同时，能够品赏汉代美食，观赏汉风华章，需求得到全方位的满足。

旅游部门应抓住汉文化核心，策划关于徐州两汉文化标志性宣传标语，既简洁洗练，又形象顺口。如“好客山东”“常来常熟”等，在媒体刊登和播放，进行旅游宣传推广，久久为功，汉文化必将深入人心。以高铁东站为起点的徐州汉文化旅游应该提上日程，重新规划游览线路，将市区的狮子山楚王墓、市博物馆、汉画像石馆、龟山汉墓、戏马台等汉文化景点串联到一起，在市区开通汉文化旅游专线，推出汉文化一日游，方便游客参观汉文化；将丰县汉皇故里的金刘寨景区、沛县的歌风台景区，睢宁古邳的圯桥和白门楼，纳入汉文化游览线路，推出两日三日汉文化深度游。

总之，今天做大做强两汉文化，就是必须将徐州历史上留存下来的汉文化发扬光大，放大和加强汉文化的概念和符号，丰富和提升汉文化内涵，提升徐州两汉文化景点影响力和知名度。当然做大做强徐州汉文化需要全市各部门的努力和社会各界的参与，不会一蹴而就，不能急功近利，需要付出长期的努力。只要我们以战略的眼光、敬业的精神和高度的责任感，脚踏实地做好每一项工作，“徐州汉文化”必将走向全国，走向世界，历史文化名城徐州将以汉文化之城形象屹立于世界城市之林，徐州汉文化将不仅是徐州人的汉文化，而是天下人的汉文化。

传承发展

徐州两汉饮食文化综述

钱　峰[1]

两汉时期跨越四百余年，是中国历史上大一统的发展时期。徐州作为烹饪之都，饮食文化底蕴深厚，作为两汉文化的发源地，徐州素有“彭祖故国、刘邦故里、项羽故都”之称，它对中华民族的文明发展，乃至对世界文化的发展都产生了重大而深远的影响。一个“汉”字，彰显了大汉民族的灵魂，汉字、汉人、汉族……无不留下大汉民族的烙印。“秦唐文化看西安，明清文化看北京，两汉文化看徐州。”徐州两汉饮食文化是徐州两汉文化中的组成部分，是中国饮食文化史的重要阶段，研究和探讨徐州的两汉饮食文化的内涵，挖掘和整理两汉饮食文化的内容，对弘扬徐州两汉文化，具有极其重要的意义。

两汉饮食文化是指在两汉时期社会生活中有关的饮食生活

[1]　钱峰，江苏省徐州技师学院教授，徐州市饮食文化研究会副会长。

方式和为满足这种生活方式进行的一切活动和创造，以及基于这些方式形成的心理和行为。其具体内容包括三个层次：一是物态文化，指与两汉时期饮食活动有关的遗迹、遗存；二是制度行为文化，指两汉时期的饮食制度，以及相关的风俗习惯、行为礼仪、谚语故事等；三是精神心理文化，指人们在长期的饮食实践和意识活动中形成的价值观念、思维方式、审美情趣、心理性格等。

徐州两汉饮食文化是以两汉时期的饮食内容为载体产生和发展起来的文化现象，是徐州饮食文化的重要组成部分，也是实施精神文明赖以产生的前提和基础，它是以两汉文化为背景，在漫长的历史时期中，在自然环境、人文环境、社会生活等多种因素的影响下形成和发展的。它与徐州的历史、区域、经济、民俗、物产、烹饪技法等密切联系。

一、两汉饮食文化特征

（一）彭祖烹饪术，是两汉饮食文化的基础

在烹饪方面，彭祖为徐州的后人们留下了许多经典菜品和制作经验，包括其传人创作遗留下来的一些精品，至今仍在流传，长盛不衰。其最大特点是能够起到养生作用，如彭祖用“雉羹”治好了尧帝的厌食症；“羊方藏鱼”开创了“鱼”“羊”为“鲜”之先例；食疗菜“麋角鸡”“云母羹”具有一定的食疗作用，可谓别具一格，这些都说明彭祖对食物

的食性有一定的研究。特别是彭祖创制并留传下来的烹饪行业的“虁阵八法”，开创了中国烹饪的厨房布局。彭祖遗留下来的饮食文化，作为一种风格，已经融汇到地方饮食文化的风格之中。其主要贡献在于把人类饮食由熟食推向味食，由粗食推向精食，将饮食与养生相结合，开创了药膳、食疗等饮食的新天地，从而形成了独特的彭祖饮食文化，这为后世的饮食文化的发展奠定了基础。

（二）生产力的发展，为两汉饮食文化形成奠定了物质基础

社会生产力的进步是汉代社会经济（包括商品经济）快速发展的前提条件

春秋战国以来，以铁器和牛耕技术为主要代表的先进生产工具、技术的诞生和推广运用，大大提高了社会劳动生产率，促成了社会全面的变革。由于生产力和生产技术的进步，社会分工的发展，经济结构和经济规模发生了较大的变化。

西汉立国至汉武帝这70年间，奉行休养生息政策，国力强盛，社会稳定，社会生产力有了很大的发展，中国成为当时世界上文明发达的大国。“休养生息”的政策，为汉代商品经济的发展提供了有力的保障，社会需求的扩大，推动了汉代经济的发展，经济的发展，也扩大了社会的需求，特别是人类饮食的需求愈来愈高。大汉统一格局，为汉代经济发展提供了良好的社会环境，促进了两汉饮食文化的形成。

（三）中西文化经济交流，为两汉饮食文化增添了新内容

1.中外贸易交流开拓了食物来源

据长沙马王堆西汉墓出土的实物和竹简记载，当时的粮食有稻、小米、麦、麻、豆；菜果类有瓜、葫芦、甘蔗、藕、芋、蕹菜、芥菜、冬葵、苋菜、菠菜、白菜、韭菜、芜菁、枣、梨、梅、杨梅、李、柿、橘柚、椰子、橄榄、木瓜；肉食有牛、马、羊、狗、猪、鹿、兔、鸡、雉、雁、鸭、鹅、鹤、斑鸠、喜鹊、鹌鹑、雀、蛋、鲫、鲂、鲤等。除此，引进了中亚、西亚等地的原料，如芝麻、核桃、蚕豆、胡萝卜、石榴、大蒜、黄瓜等，使烹饪原料更加丰富多彩，有力地促进了菜肴品种的丰富多样。其次，西汉的淮南王刘安发明了豆腐和其他豆腐制品，极大地丰富了菜点的品种。

2.域外烹饪技术进入了中原和海产品进入筵席

中外贸易交流开拓了食物来源，同时也把域外的烹饪技术或烹饪经验带入中原。在当时的长安有许多胡姬酒舍，经营胡饼、胡酒、胡羹等。域外名食，如婆罗门轻高面、胡麻饼、哔锣、搭纳、博饨、鹘突等面点及烹羊肉、浑羊殁等名菜也享誉华夏。其次，两汉到南北朝时期曾出现过几次动乱，使中国居民发生多次移民浪潮，如西晋末年的永嘉丧乱持续不断，南北朝时的塞北人南迁中原，中原人南迁江南、皖南、苏南，从不同程度上把烹饪技术带到这些地区或吸取了当地的烹饪技术，使其烹饪技术得到了补充和完善。同时，由于海上丝绸之路的开通，海产品中的鱼、鳖、鼋、虾和蟹等原料进入了筵席，并

成为筵席的重要组成部分。

（四）饮食市场的繁荣，促进了两汉饮食文化发展

近年来，从徐州出土的汉画像石中可以窥见有关徐州饮食情况。在出土的汉画像石上，有官场宴会，市肆酒楼，歌舞宴宾，二人对饮，四人小酌；原料有鸡、鱼、兔、鹿、雁；有庖人凭案宰牲；有厨人烧火作炊，案头操作。还有烤羊肉串、腊鱼，风肉高悬于庭的食物场景等。在徐州市铜山区汉王乡发现的汉画像石中，尤为突出的是庖厨内容占了一半。出土文物中有各式汉代炉灶，如炮台灶、连眼灶、拔烟灶等。另外，在徐州出土的豆子俑，也说明了徐州在汉代时期的繁荣。由此可见，汉代徐州烹饪技术迅速发展，出现过很多的美食家、厨师。《汉古歌》曰："上金殿，著金樽，延宾客，入金门，入金山，上金堂，东厨具肴馔，椎牛烹猪羊，主人前进酒，歌舞为清商，投壶对弹琴，博弈并复行。"正如歌中所唱，在汉画像石中充分表现了饮食兴盛的场景。

两汉时期由于食物资源的进一步开拓和域外烹饪技术进入中原，使中原地带饮食行业更加兴旺发达，市场呈现出一派欣欣向荣的繁荣景象。如：当时的两京三都，市场繁荣，饮食行业兴旺发达，所谓"通都大邑，酤一岁千酿，醯酱千工瓦，酱千儋、屠牛、羊、彘千皮""熟食遍列，肴旅成市"，真实地反映了汉代饮食市场的概况。两汉时期在中国烹饪史上被称为民族风格奠基期和深化期。

（五）“东食西迁”和“北食南迁”，扩大了徐州饮食文化的范围

《西京杂记》记录了“东食西迁”的缘由：“太上皇徙长安，居深宫，凄怆不乐。高祖窃因左右问其故，以平生所好，皆屠贩少年，沽酒卖饼，斗鸡蹴鞠，以此为欢，今皆无此，故以不乐。高祖乃作新丰，移诸故人实之，太上皇乃悦。故新丰多无赖，无衣冠子弟故也。高祖少时，常祭枌榆之社。及移新丰，亦还立焉。高帝既作新丰，并移旧社，衢巷栋宇，物色惟旧。士女老幼，相携路首，各知其室。放犬羊鸡鸭于通途，亦竞识其家。其匠人胡宽所营也。移者皆悦其似而德之，故竞加赏赠，月余，致累百金。”这段记载，详细记录了徐州丰县的生活民俗迁入长安的缘由和内容，同时也说明了徐州丰县的饮食文化对汉代长安的影响。

《后汉书楚王刘英列传》载：“帝以亲亲不忍，乃废英，徙丹阳泾县，赐汤沐邑五百户。遣大鸿胪持节护送，使伎人奴婢妓士鼓吹悉从，得乘辎軿，持兵弩，行道射猎，极意自娱。男女为侯主者，食邑如故。”永平十三年，有个叫燕广的男子上告说刘英与渔阳王子、颜忠等人作圆书，有叛乱的阴谋，此事被朝廷责令加以察验，有司上奏说刘英招揽聚集奸猾之人，造图谶，擅自设置官职，设立诸侯王公将军二千石，大逆不道，请求处罚他。明帝因爱护亲族而不忍心，便废掉刘英的爵位，迁徙到丹阳的泾县，赐给他汤沐邑五百户。派大鸿胪持节护送，派歌舞伎艺人奴婢吹奏表演者全部跟随，可以乘坐有屏

幕的车子，手持兵器弓弩，边走边打猎，尽情娱乐。凡是侯主之人，食邑完全与从前一样。楚太后不必上缴印玺玉带，留住在楚宫中。这就将徐州的饮食风俗带到了江南一带。这段历史称为“北食南迁”。

（六）铁器的普及和发展，为两汉烹饪技艺的发展提供了发展空间

两汉时期冶铁技术的成熟极大促进了铁器的使用和推广。汉代以来，不仅有生铁铸的鼎、釜、甑、炉等器具，还出现了铁煅的厨刀、轻薄的供小炒用的小釜、大口宽腹的小爨、类似隔舱锅的五熟釜和夹层蓄热的诸葛行锅等。铁制烹饪工具在西汉得到普及，并不断改良革新，成为汉代烹饪的主要工具，尤以铁锅和刀具的作用最为突出，为烹饪技艺的发展提供了保证。铁制刀具的广泛运用使刀工技术得到提高和突破，厨刀从别的各种刀类中分化出来，专门按庖厨的需要而制造，也为原料的加工工艺提供了基础条件。炒制技术伴随着铁器的历史发展而不断地被完善和提高，为了满足炒制快速翻炒的特点，加热器具由原先的小口鼓腹的铁釜演变为敞口斜腹的铁锅，可以认为铁锅的出现及炒的发明是中国烹饪技术体系形成后里程碑式的成就。

（七）饮食制度和礼仪，丰富了两汉饮食文化的内容

汉朝随着中国的统一，汉王室在饮食方面比先秦时期更进一步。皇宫具有最为完备的食物管理机构。“太官”“汤官”

和“导官”，分别“主膳食”“主饼饵”和“主择米”。太官令下设有七丞，包括负责各地进献食物的太官献丞、管理日常饮食的大官丞和大官中丞等。太官和汤官各拥有奴婢3000人，为皇帝和后宫膳食开支一年达两万万钱。

汉朝礼制规定天子“饮食之肴，必有八珍之味。”他们“甘肥饮美，殚天下之味。”时节的变化对汉代普通人的生活状况有着不小的影响。如汉末人徐干曾说，在酷烈的夏季，即使是贵族也感到“身若点漆，水若流泉，粉扇靡效，宴戏鲜欢”，然而季节对饮食生活的限制在皇帝和其后妃那里却被降至当时的最低程度。在冬天，皇帝可以享用春季才生成的葱、韭黄等蔬菜，而这些蔬菜须耗费大量钱财，太官“覆以屋庑，昼夜蕴火，待温而生。”在炎热的夏季，皇帝与后妃则是“坚冰常奠，寒馔代叙”。

礼产生于饮食，同时又严格约束饮食活动。不仅讲求饮食规格，而且连菜肴的摆设也有规则，《礼记·曲礼》载：“凡进食之礼，左肴右被，食居人之左，羹居人之右。脍炙处外，疏酱处内，葱片处右，酒浆处右。以脯俗置者，左朐右末。”就是说，凡是陈设便餐，带骨的菜肴放在左边，切的纯肉放在右边。干的食品菜肴靠着人的左手方，羹汤放在靠右手方。细切的和烧烤的肉类放远些，醋和酱类放在近处。蒸葱等伴料放在旁边，酒浆等饮料和羹汤放在同一方向。如果要分陈干肉、牛脯等物，则弯曲的在左，挺直的在右。这套规则在《礼记·少仪》中也有详细记载。上菜时，要用右手握持，而托捧于左手上；上鱼肴时，如果是烧鱼，以鱼尾向着宾客；冬天鱼肚向着宾客的右方，夏天鱼脊向着宾客的右方。

在用饭过程中，也有一套繁文缛礼。《礼记·曲礼》载："共食不饱，共饭不择手，毋抟饭，毋放饭，毋流歌，毋咤食，毋啮骨。毋反鱼肉，毋投与狗骨。毋固获，毋扬饭，饭黍毋以箸，毋捉羹，毋刺齿。客絮羹，主人辞不能烹。客歠醢，主人辞以窭。濡肉齿决，于内不齿决。毋嘬炙。卒食，客自前跪，撤饭齐以授相者，主人兴辞于客，然后客坐。"大意是：大家在一起吃饭的时候，不要只顾自己吃饱。如果是和别人一起吃饭，就要检查一下手的清洁卫生。不要用手搓饭团，不要把多余的饭再放进锅中，不要喝得满嘴淋漓，不要吃得啧啧作声，不要把食过的鱼肉再放回盘里，啃骨头不要把骨头扔给狗。不要独自占有食物，也不要簸扬着热饭，吃黍蒸的饭用手而不用箸，不可以大口囫囵地喝汤，也不要当着主人的面调和菜汤。不要当众剔牙齿，也不要喝腌渍的肉酱。如果有客人在调和菜汤，主人就要道歉，说是烹调得不好；如果客人喝到酱类的食品，主人也要道歉，说是备办的食物不够。湿软的肉可以用牙齿咬断，干肉就得用手分食。吃炙肉要撮作一把来嚼。吃饭完毕，客人应起身向前，收拾桌上盛放食物碟子，交给旁边伺候的主人，主人跟着起身，请客人不要劳动，然后客人再坐下。

（八）饮食文献的记载，延续了两汉饮食文化的发展

两汉时期，随着农业、手工业和商业的发展，食物原料丰富，烹饪技艺发展，民族交流加深，出现了大量的饮食典籍，

这些典籍，有的出自汉代，但在汉代，专门的饮食典籍尚未见到，多附属在其他的著作中，魏晋南北朝时期，出现了专门的饮食典籍，虽然有的现在已经遗失，有的只是附属在后世典籍的引用之中，在这些后世的典籍中，为我们提供了两汉时期饮食方面的基本情况。无论何种情况，都充分说明了汉代饮食业的各种状况。

据《隋书·艺文志》所录，西汉至隋的烹饪专著共28种，如《黄帝食禁经》《老子食禁经》《淮南王食经》《饮食次第法》等，这些烹饪专著大多已亡佚，剩下不多的几部内容也不完全。从现存的内容看，对当时特定范围内的烹饪原料、工艺、食品等状况，做了比较系统的记录，为研究当时烹饪发展的情况提供了第一手资料。其他的如张揖的《广雅》、张华的《博物志》、干宝的《搜神记》、王嘉的《拾遗记》、刘敬叔的《异苑》、崔豹的《古今注》、刘义庆的《世说新语》、常璩的《华阳国志》、梁宗懔的《荆楚岁时记》、崔浩的《食经》、葛洪的《抱朴子》等典籍也有不少两汉饮食文化的记载。这些古代典籍集书为研究中国两汉饮食文化提供了历史依据，也为两汉饮食文化的发展奠定了基础。

二、两汉饮食文化的内容

（一）物产原料

汉代，生产力得到了很大的发展，农、林、牧、副、渔得到了全面发展，这为汉代的饮食提供了丰富的物质基础，饮食资源得到了充分的开发。从徐州出土的汉墓中的食物、汉画像石上饮食原料图案以及史料记载来看，主要有：稻米、小麦、谷子、高粱、稷、粟、豆等农作物；猪、牛、羊、狗、兔等畜类；鸡、鸭、鹅等禽类；鱼、鳖、鳝等水产；菠菜、葵、蔓菁、韭菜、茄子、萝卜、白菜等蔬菜；桃、杏、柿、梅、枣等水果。说明汉代食物原料来源丰富。

1.粮食

这一时期，确定了粟、麦、稻、豆等粮食作物为主食，以蔬菜和一定的肉类为副食的饮食结构，这就是后来中华民族最基本的饮食模式，具有典型的东方农业文明特色的饮食。

自先秦时期开始，“五谷”作为粮食，就成为中国人的主要食物来源。《周礼》记载：“以五味、五谷、五药养其病”。汉代郑玄注云：“五谷，麻黍稷麦豆也”；汉代赵岐注曰：“五谷，稻黍稷麦菽”；汉代刘向注云：“稻稷麦豆麻”。通过这些记载说明，五谷应该包括多种粮食作物。春秋时期范蠡《范子计然》记有“五谷者，万民之命，国之重宝也。……东方多黍，南方多稷，西方多麻，北方多菽，中央多禾，五土之所宜也，各有高下。”说明不同地域的人对五谷的解释也各不相同。粮食在古时除记有“五谷”外，还有“六谷”“九谷”“百谷”之说。

两汉时期农业发达，秦朝北方的主要作物为粟，秦人并不重视麦、菽，而到了汉朝，黄河中下游地域则以种植小麦为主，其次以粟、菽等，南方则以稻为主，这一点可以从全国各地汉墓出土的葬品以及汉墓简牍中得以发现。

2.畜、禽

从先秦时期，我国古代就有“六畜”的说法，《三字经》记载：“马牛羊，鸡犬豕。此六畜，人所饲”，这里所说“六畜”是指古代中国人驯养的六种家畜。六畜中，牛能耕田劳作，马能负重致远，羊能供备祭器，鸡能司晨报晓，犬能守夜防患，猪能宴飨宾客。其中，与农业耕作和人们食物来源关系最密切的家畜当数牛、羊和猪。《周礼·天官·庖人》载：“掌共六畜、六兽、六禽，辨其名物。”郑玄注曰：“六畜，六牲也。始养之曰畜，将用之曰牲。”后来牲畜或畜生联用，泛指家畜。六畜中的马、牛、羊被列为上三品，鸡、犬、猪沦为下三品。人类与家养动物实质上是一种共生关系，人类在帮助动物生存的同时充分利用动物改善自已的生存。

商周时代牛、羊、马以及禽类的鸡、鸭、鹅常用于祭祀活动。古有“三牲通天，三禽达地”的说法，就是将猪头、牛头、羊头同时贡奉，可以把信息传达到上苍，三禽则是献祭给居住于地上的神灵。禽畜可使真穴余气所结，所以陪葬坑中必葬禽畜顺星宫理地脉。《礼记·王制》云“大夫无故不杀羊”，因此，动物肉的食用并不普遍，特别是平民百姓，更是难得。到了汉代，由于动物饲养的普及，日常生活中对动物肉的食用已相当普遍。《盐铁论·散不足》记载：“古者……非乡饮酒、膢腊祭祀无酒肉。故诸侯无辜不杀牛羊，大夫、士无故不杀犬豕”。而到了汉代则“今闾巷县佰，阡陌屠沽，无故烹杀，相聚野外。负粟而往，挈肉而归”“今民间酒食，肴旅重叠，燔炙满案，臑鳖脍鲤，麑卵鹑鷃橙枸，鲐鳢醢醯，众物杂味”；节庆之日，富者“椎牛击鼓”，中者“屠羊杀狗”，贫者也有“鸡豕五芳”。可见动物食用的普遍性。对汉代动物的饲养，《汉书·货殖列传》就记有：“泽中千足彘”“此其人皆与千户侯等”，许多人家拥有“千足羊”，不少人家有“牛蹄角千”，富比“千户侯”。可见，动物饲养的普遍。

3.水产

水产中以鱼为主要部分，两汉时期，鱼在人们的日常生活中占重要地位。《汉书·地理志》记有：“江南地广……民食鱼稻，以渔猎山伐为业。”《汉书·货殖列传》也记载山东“多鱼、盐”，楚霸王项羽都彭城，虞姬制作的“龙凤宴”就是以水族和羽族为主要原料，说明汉代水产十分丰富。而且捕鱼工具和技法也得到创新，在出土的汉画像石中就有罩鱼的场面，渔具有罾、罟、罪、罶、罩等。《风俗通义》解释为：“罾者，树四木而张网于水，车挽之上下。”另外钓鱼和插鱼也是经常采用的捕鱼技法。东汉杨孚的《异物志》还有鸬鹚深水捕鱼的记载，徐州周围邳州及微山一带出土的汉画像石中也有鸬鹚捕鱼的场面。

汉代，人工养鱼已经大规模形成。《三辅故事》就记有，长安昆明池所养之鱼除祭祀外，还拿到市场出售，以至鱼价大跌。贾思勰《齐民要术》中对汉代养鱼专门进行了总结，专立养鱼条目。《异物志》还记载沿海的海产鱼类多达近百种。可见鱼类在汉代食用已经相当普遍。

4.蔬菜

中国古代蔬菜栽培不多，西周时期，当时食用的蔬菜仅有二十多种，有文献记载的人工栽培蔬菜也只有韭、芸、瓜、瓠、葑等几种。到了汉代，随着领域的扩张和栽培技术的提高，加上对外交流，外来的部分蔬菜品种传入内地，其品种已多达二十多种。《史记·货殖列传》就有“千畦姜韭”等记载，《齐民要术》中对有些蔬菜从耕地、下种、浇水、施肥、生长过程的各个阶段的管理、收获及加工都有十分详细的叙述，《汉书·召信臣传》还记载长安的皇家菜园中建有大房屋，昼夜生火，以“种冬生葱韭菜茹”。这说明至少在汉代就有温室大棚种植蔬菜类。

5.果品

从《诗经》等古籍资料来看，我国的果树栽培至少有四千年的历史，特别是全国统一以后岭南地区的荔枝、龙眼、香蕉、柑橘、柚子、甘蔗、椰子等已流传全国。《后汉书·和帝纪》记载：“旧南海献龙眼、荔枝，十里一置（驿站），五里一侯，奔腾阻险，死者继路。”西域天山的西瓜、葡萄、石榴等也集中内地。汉武帝时，张骞出使西域，带回来大量的蔬菜和果品品种。《史记·货殖列传》记载：“安邑千树枣；秦，千树栗，蜀、汉、江陵千树橘……此其人皆与千户侯等”。可见当时汉代已经形成一批专业化的果品种植。

6.调味品

自从有了盐，开辟了调味的先河，调味品在五味的基础上不断开发新品种，如盐有井盐、海盐、提炼精制的精盐；酱有豆酱、麦酱、虾酱、榆子酱、鱼酱；酒有糯米酒、粟米酒、葡萄酒；醋有粮食醋、果醋；以及用豆制作的酱油、豆豉等；胡椒、胡荽、胡蒜、姜和麻油等调味品。

（二）食物种类

汉代，南方的主要食物是米，主要用于“蒸饭”，《世说新语》中记载了东汉时期上层社会以箅蒸饭的故事，其手法和现在的蒸饭几乎雷同，就是将米煮至八成熟捞出，置放箅上，大火蒸熟。

“糒”“糗”“糇”等是当时的“干饭”。汉末刘熙《释名·释饮食》中记载：“糒，干饭，饭而曝干之也”；《说文解字》注释为：“糒，干饭也”“糗，熬米麦也”“熬，干煎也”“糇，干食也”；《史记·李将军列传》记有“大将军使长吏持糒醪遗广”，说明“干饭”是汉代常见的一种能久存、便携带、耐饥饿的食物；《孟子·尽心篇》记有“舜之饭糗如蕈也”；杜甫的《彭衙行》有“野果充糗粮，卑枝成屋掾”的诗句。

“饼”，两汉时期黄河流域重要的食物，北方盛产小麦，饼就是以小麦粉为主要原料加工而成的。汉末刘熙《释名·释饮食》载：“饼，并也，溲面使合并也。胡饼，作之大漫沍也，亦言以胡麻著上也。蒸饼、汤饼、蝎饼、髓饼、金饼、索饼之属，皆随形而名之也。”

东汉时期，淮南王刘安发明豆腐，使豆类的营养得到消化，物美价廉，可做出许多种菜肴，1960年河南密县发现的汉墓中的大画像石上就有豆腐作坊的石刻。东汉还发明了植物油。在此以前都用动物油，叫脂膏，带角的动物油叫脂，无角的如犬，叫膏。脂较硬，膏较稀软，植物油有杏仁油，奈实油，麻油，但很稀少。

徐州日常所食煎饼这一时期已经出现，东晋王嘉《拾遗记》："江东俗称，正月二十日为天穿日，以红丝缕系煎饼置屋顶，谓之补天漏。相传女娲以是日补天地也。"南梁宗懔《荆楚岁时记》载："北人此日食煎饼，于庭中作之，支薰火，未知所出。"文中的"此日"指正月七日人日这一天。

（三）烹饪技艺

汉代，徐州在烹饪技术上已有较大发展，《汉书》记有："汉颍川尹暹为徐州刺史，以小铜釜，一日十炊"。于此不难看出，当时已由粗苯的陶釜、青铜鼎，改为轻薄小巧的铜釜，有了轻巧的炊事，这是炊事的一大进步，用小锅旺火，是速成菜的脆、嫩、鲜的起源。

汉代以后，铁器逐渐取代铜器，植物油开始登灶入馔，已掌握了炖、煮、炒、煎、酱、腌、炙等烹调方法，对食品原料也十分讲究，烹饪操作的技术分工已趋成熟，这可以从山东出土的《庖厨图》、"厨夫俑"中得到证明。《庖厨图》描绘了一套前后连贯的烹饪制作过程的宏大场面，图中刻绘的人物个个忙碌，各司其职，从上到下有六个层次，概括了从原料准备到加工处理等各个环节，分工层次明确，是汉代烹饪文化的有力表现。"厨夫俑"则是关于厨师形象的造型，从衣着装束看，几乎与如今的厨师不相上下，这说明当时厨师已成为一种职业。汉代张骞通西域后，大量引进了葡萄、西瓜、芝麻、菠菜、芹菜、大蒜、茴香、莴莲（莴笋）、大葱、大蒜等域外食材，还传入一些烹调方法，如炸油饼，胡饼即芝麻烧饼，也叫炉烧，使传统饮食在数量、质量、结构等方面都发生了变化。

2200年前，先秦时发明了石磨，春秋战国时有了旋转磨，到了汉朝才在民间普及。西汉以前磨齿为凹坑形，东汉时出现了辐射状，至西晋以后，磨齿大都成八区斜纹形，石磨从发明到成熟经历了五百多年。

据史书记载，我国汉代取火已用“阳燧”，而且有了“曲突”的多眼炉灶和铁釜、铁鼎、铁锅。由于铁锅具有质地薄、传热快、轻便灵活的特点，使烹饪技法在原有的基础上得到了快速发展。这一时期的烹调方法由于工具的改进，水平大大提高，技法越来越多。如南北朝时《齐民要术》所收的炙达20多种，用多种烹饪方法制作一种原料，已在南北朝成为普遍现象。其次，新出现的烹饪方法很多，如汉代的杂烩、濯（烫刷）；南北朝时的煮、脠、啫、羹臛、菹绿、奥、糟、苞、酿、酱和类似今天制作罐头的蜜渍等方法。特别是炒法的出现，这种旺火快速成菜的烹调方法，促使了中国烹饪的又一次飞跃，使菜肴的质感朝着多样化的方向发展，更能满足广大消费者的需求。油炒的烹饪方法在两汉以后日益盛行，并成为中国烹饪又一大特色。

汉代菜肴的刀工也比较讲究，出现了多种刀具和刀法，例如：平刀法、直刀法等，原料通过处理出现了多种形状。菜肴原料的搭配上开始重视颜色、质感、口味、形状以及荤素等方面的结合。在烹调技法上，新的烹调方法脱颖而出，铁制炊具的出现使原有的羹、脯、炙等烹饪方法制作菜肴的花式品种有了大的增加，新的烹调方法如烩、炒、烧等也广泛的用在汉代的烹调中。在火候上，已经注意调节火力强弱，如以“微火”“缓火”“逼火”“急火”用于烹制不同要求的原料，还注意掌握用火的时间，涌现了有代表性的一批名菜。

汉代烹饪技术的分工及快速发展，给饮食文化的快速发展提供了保证。铁制炊具的发展和应用，对以后的烹调带来了深远的影响，也给烹调水平和烹调方法的发展提供了条件。随着菜肴和点心品种的增多，汉代饮食的方法和形式也发生了改变，在宴席上已出现了分餐和分席制。烹饪技术的发展带动了饮食文化的进步，汉代先进的烹饪技术给后人留下了宝贵的财富，这一时代人们结束了单一的煮烤食物的历史，迈向了多种方法烹饪食物的时代，炸、炒、煎等方法也已在有关书籍中有了一定的记载，烹饪器具和盛器也有了改善，汉代结束了陶烹和铜烹的历史。

从众多的著作中可以发现，在汉代已经明显出现了红案和白案的分工，使得烹调技术和面点制作技术发展提高较快，面点在人们的饮食中占有了一定的地位。由于分工明确，厨师可以把自己有限的精力用在某一方面的研究上，例如用同一烹调工具创造和发明新的烹调方法。

（四）饮食器具

从有关资料、出土文物及汉画像石的图案来看，汉代的饮食器具有很多，包括酒具、厨具、水具、其他用具等。酒具有温酒具、喝酒具、盛酒具、舀酒具等，有金、石、玉、瓷、犀角与奇木等材质上的区别，又有樽、壶、杯、盏、觞与斗等器型上的分类。酒具的优劣，可以体现饮酒人不同的身份，酒具的演变，可以观照时代的变迁。厨具种类繁多，有蒸煮、烧烤、煎炸等，包括灶（灰土灶、青铜灶）、烤炉、挂肉的钩架、俎、案、耳刀、甑、鼎、铁釜、铜鐎斗、盂、青铜鉴等。

汉代是中国陶瓷历史的一个重要转折点。所制器物的表面被广泛施釉，其他容器如瓮、罐、盆、樽、盘、碗等，在整个汉代都大量存在，它们的形态随着年代的推移而演变。

中国的青铜时代始于公元前两千年左右，随后，经夏、商、西周、春秋、战国、汉代，大约延续了1500多年。青铜器对日常生活具有很重要的作用，徐州是两汉文化发祥地，因此徐州地区出土的青铜器具有鲜明的地域特色。在汉代，青铜器开始走入徐州地区的寻常百姓家，其器型大多较为简单，制作也比较粗糙。

铜鐎斗：它是一种古代的温器，一般多用于温羹，是大多附长柄的盒形器，下附三足，也有带流，柄端常作兽头形。在古代军中，此器皿白天可供烧饭，夜间则可用其敲击巡逻。据孟康《集解》曰：“以铜做鐎器，受一斗昼炊饭食，夜击持行，名曰刁斗。”

盂：盂是一种大型盛饭器，兼可盛水或盛冰，器型比较大。因其需铜量大、制作成本高，故出土数量较少。这种青铜器流行于西周，至汉逐渐演变成为盛饮食或其他液体的圆口小器皿。当然盂还有另外一种功能，即射覆，《汉书》中就有“上尝使诸数家射覆，置守宫盂下，射之皆不中”的故事。

青铜鉴：鉴，盛行于春秋战国。从《说文》《庄子·德充符》《庄子·则阳篇》等文献对鉴的记载可以看出，鉴有四用：盛水、盛冰、照容和沐浴。

徐州两汉时期的青铜用具还有很多种类，如釜、蒜头壶、盒等。这些器具一方面展现了徐州的两汉饮食文化，另一方面体现出汉代徐州地区劳动人民精湛的青铜铸造工艺以及他们的聪明才智和艺术品位。

两汉时期的餐具有了较大的发展，如漆器至汉代工艺臻于完善，髹漆、金银饰漆制餐具十分精美，其种类的丰富、数量的众多均属空前。陶器、青铜器仍然是餐具中的主体，除此之外，出现了所谓“金曼玉钟”的华贵餐具和水晶、玛瑙、珊瑚、错金错银、嵌玉嵌翠的高级餐具。

两汉时期冶铁技术促进了铁器的使用和推广，铁制烹饪工具在西汉得到普及，并不断改良革新，不仅有生铁铸的鼎、釜、甑、炉等器具，还出现了铁煅的厨刀、轻薄的供小炒用的小釜、大口宽腹的小爨、类似隔舱锅的五熟釜和夹层蓄热的诸葛行锅等，铁釜的广泛使用，为炊事提供了方便。在河南省南阳瓦房庄发现的一件大铁锅，直径达2米左右，可能是煮盐用的。厨刀从别的各种刀类中分化出来，专门按庖厨的需要而制造。

（五）两汉名菜

两汉时期的美食名食较多，如名传千古的美食五侯鲭（鲭，是指鱼和肉合烹而成的食物，被认为是当世奇味，后来遂以五侯鲭指美味佳肴。）、胃脯、貊炙、猴羹、蛇羹等。《荆楚岁时记》收录荆楚地区民间食品不下数十种，著名的菜肴有八和齑、蒲鲊、五味脯、胡麻羹、鸭臛、蒸熊、焦鸦、蜜纯煎鱼、勒鸭消、腩炙、奥肉、苞肉等。在汉代，西起河西走廊的北方城市中炙羊肉盛行，烤羊肉串很多，此风一直久传不衰。在东晋南北朝时，菜点的地方风味特色也显著起来，在上层社会的宴席中，北方人往往以“羊酪樱桃”和饮羊乳为最佳美味而夸耀，南方人则以“鲈鱼莼羹”为最高级的饮食标准，甚至带有政治上的色彩。

徐州汉玉的艺术价值与审美管见

蒋大昶[1]

徐州是两汉文化的发源地，汉代文物资源遗存丰富，以汉兵马俑、汉墓、汉画像石为代表的“汉代三绝”的耀眼夺目，早已闻名中外，但是徐州出土的汉玉，可以说是“汉代三绝”之外代表徐州汉文化中的又一宝藏，长期却缺乏应有的研究，可谓明珠投暗，世人对其艺术价值和审美特点所知甚少。

两汉时期，徐州属西汉楚国和东汉彭城国的封地，楚国和彭城国的诸侯王陵以及王室贵族墓均分布于徐州市的周围，汉代盛行以玉殓葬，这些汉墓内多随葬数目不等的玉器，自1954年考古出土第一块汉玉以来，现在的徐州已成为我国出土汉玉数量最多，种类齐全，工艺特色鲜明的重要地区。在1995年全国十大考古发现之一的狮子山楚王墓出土的玉器，尤为引人注目，出土数量达200余件套，种类繁多，玉质优良，工艺精美，代表了我国出土汉玉的最高水平。其实，早在南宋已有关于徐

[1]　蒋大昶，徐州市玉石雕刻艺术家协会副会长。

州汉玉的记载，只是到现代大量汉墓的发掘，才使得汉玉大规模出现。徐州出土汉玉种类繁多，一般分为“礼仪用玉，丧葬用玉，装饰用玉，生活用玉”四大类。下面我分类谈谈徐州出土汉玉的艺术价值与审美特征。

一、礼仪用玉

在徐州出土的汉代玉器中，仅发现了商周玉礼器中“六瑞”的璧、璜、圭，其他礼器有戈、钺、豹、熊玉镇等。

（一）玉璧

璧是古人用来祭祀天的，是汉代最为常见的礼器之一。徐州汉墓中出土大量的玉璧，狮子山楚王陵出土数量最多，在这些玉璧多为精美的透雕和浮雕工艺，玉璧的装饰有蒲级、谷纹、螭龙等纹饰，狮子山楚王陵出土的一件残出廓螭虎纹玉璧，就是礼仪玉璧中的绝品之一，这件玉璧虽然是件残品，但工艺艺术价值很高，残壁内饰涡纹，出廓部分一条回首有力螭龙纹饰和其他风纹完美结合，分布在残璧上端。透雕工艺精湛，设计巧妙，线条流畅。这里还要说明一点，汉代玉璧作为礼仪用玉之外，另外一用途就是还可以用于装饰或佩饰（图1）。

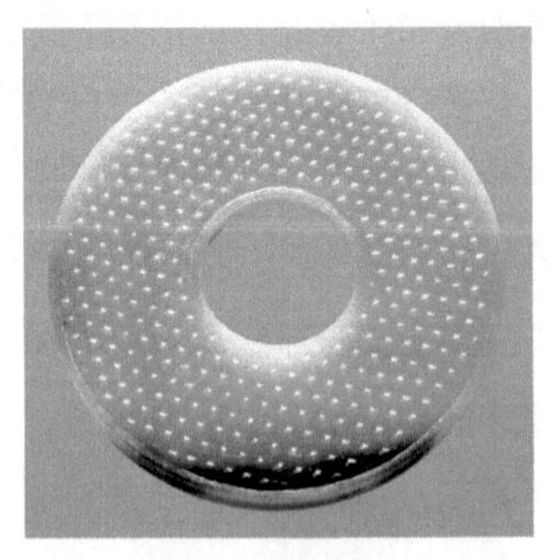

图 1　谷纹玉璧

（二）玉璜

玉璜出土数量较多，形制多样，大小不一，大的长度达到34.3厘米，小的仅有16.2厘米。大多为齐头雕戚齿璜，也有两端雕有龙首，由宽到窄，从外到里延伸的形制，其形增加了璜的视觉审美，有的璜在弧内透雕龙凤图案，还有的在弧外侧透雕龙纹图案。值得一提的是一件浮雕出20条龙、四只凤鸟和两个兽面的玉璜，浮雕、线雕结合得恰到好处，构图严谨，龙纹凤鸟兽面排列有序，相互对称，是汉代众多玉璜中纹饰最为精美的一件。徐州汉墓出土玉璜众多，有为半成品、残品，但其共同的特点是玉质纯白温润，雕工极精，刀法各异，抛光细腻光洁，构图巧妙，工艺流畅（图2）。

图 2 龙凤纹玉璜

（三）玉戈

狮子山楚王陵出土的礼仪用器玉戈，材质为新疆和田青白玉，戈体满饰勾连云纹，援、胡之下出廓透雕一行走的翼龙，戈内两面分别用浮雕工艺饰翻腾虬曲的虺龙和勾喙振翅的凤鸟。行龙中的头部用以夸张的手法表现，反转目视前方，视觉冲击力极强。四足蹬踏有力，巧妙地配合了玉戈的外形，表现出强烈的生命力（图3）。

图 3 玉戈

（四）玉钺

同为狮子山楚王陵出土的外形如钺的汉代礼仪玉器，其艺术的审美更为精妙，中部框中雕螭龙的整个身躯部分，前身头部反转出框，头部右侧透雕祥云纹饰，和左侧框外祥云纹相得益彰，说明了汉代玉雕工匠已经非常注重形式构成的平衡之美了。

（五）玉镇

玉镇既是礼仪用玉，也可作陈设实用玉器，古时汉代人喜好席地而坐，席子坐久了席角易卷，所以人们就用四个镇来压住席子四角。常见的镇大多为铜、铁、石的材质，玉镇相比较少一些。镇一般为圆雕表现，雕有虎、豹、熊、龙等题材。狮子山和北洞山汉墓分别出土了两件玉豹和一件玉熊，一只玉豹当时出土在耳室门口，应有镇墓辟邪之用，雕刻手法为圆雕，呈伏状，头部微微前倾，目视前方，口微张露齿，双耳直立，脸有圈毛一周，颈上带有项圈，项圈上雕有海贝和环形绳装饰，尾部表现更为突出，从身体底部卷曲反转到身体的背上，祥和宁静中带有一种静中寓动的感觉。温顺可掬的样子，逼真的形象，极简的雕刻，完美展现了圆雕技艺的技术特点。

二、丧葬用玉

汉人认为玉能保护尸体不朽，所以汉代死去的帝王贵族们口里含着玉，手中握着玉，头上盖着玉，头下枕着玉，身上穿着玉，九窍塞着玉，睡觉也要躺在玉棺里，这样就形成了大概六种丧葬用玉，包括玉衣、玉棺、玉面罩、玉枕、玉握和九窍塞等。

（一）玉衣

汉代被称为“玉匣”，是汉代帝王和贵族死后穿的殓服。玉衣的结构是根据人的体型分为头部、上身、裤筒、手套和鞋子几个部分。各个部分都是由许多大小不一的玉片组成，玉片有四个小孔，玉片之间用金缕、银缕、铜缕或丝缕加以编缀，徐州地区已出土的玉衣就有13件，其中金缕一件、银缕六件、丝缕三件，其余三件缕属不明，狮子山出土的金缕玉衣最为精美，是国内出土玉衣中从各个角度相比都是最好的一件，出土的时代最早，玉片数量最多，玉片最小，玉质最好，工艺最精。玉衣片全部用上乘新疆和田白玉精制而成，片型小而薄，正面抛光，光泽细腻，光彩耀人，从而看出当时的打磨工艺水平极高。

（二）镶玉漆棺

徐州狮子山楚王陵出土的玉棺，形制硕大，因为该墓曾被盗掘，玉棺出土时是散乱的，仅仅留有几处玉片的组合，根据这几处组合，徐州博物馆的专家们复原了玉棺，整个玉棺共用2000余片玉片，玉片镶嵌在棺的外壁，五面组成。除棺的顶部由长方形玉片组合外，其余四面则由三角形、长方形、菱形等大小各异的玉片组成，有的玉片上雕刻玉璧的造型，玉璧的孔

图4　镶玉漆棺

部和部分玉片间以金钉铆接。整体玉棺金玉交辉，材质大都是新疆和田碧玉，但是在玉泡钉的选料上就用了上乘的和田白玉，起到点缀作用，体现当时玉工对选料的精细之处，玉棺和玉衣用了两种不同色彩的玉料，这也体现了古人对待不同用途的玉是有所选择的，既是玉的品质及外观比较了解，同时对其搭配的不同效果有着独特的审美眼光。（图4）

（三）玉枕

玉枕是两汉时期葬玉的重要部分，使用玉衣和玉面罩的墓葬大都会有玉枕出现，徐州地区出土的玉枕数量10多件，徐州狮子山楚王陵就有三件玉枕。主要有两种形制，一种是“食官监”陪葬墓的玉枕，呈板凳状，分为枕足、枕板、枕头兽首饰三部分构成。还有一种长方形匣子，漆木胎枕芯，表面镶有玉片，玉片之间贴有金箔，其金玉结合的图案造型抽象、大气，整个玉枕金玉结合得恰到好处，熠熠生辉。难以想象当时工匠们有如此之高的艺术审美修养。（图5）

图 5 鎏金铜架玉枕

（四）玉九窍塞

玉的九窍塞形制比较简单，一般经过抛光处理后使用，不用雕刻纹饰，但各种形制非常简约实用，体现古人对玉功能性上有着科学的把握。这里要说一下玉琀，玉琀也成为口琀，口琀统一使用玉蝉，西汉早期的玉蝉雕刻得极为简单，体现出蝉的大致形状，然后用非常简单的手法雕刻出眼睛和背部，这样的雕刻手法被称为“汉八刀”，给人一种大美至简的艺术境界。

（五）玉握

也称握玉，是死者手中所握之玉。西汉时期的玉握有璜、猪等几种，玉猪最为多见，猪握的形制多样，多为写意，也有写实的，一般为长条状，表面打磨光滑，细部有阴线刻，线条简约，形象逼真，生动可爱。

三、装饰用玉

汉代装饰用玉种类繁多，大多没有具体的实际用途，主要起到装饰作用。汉代时期佩玉传统盛行，以玉璜为主佩，玉组佩上的玉饰系有：璧、环、璜、各式的龙、冲牙、珩、韘形佩、舞人、翁仲、铺首、蝉形佩等。装饰用玉还有玉剑饰，前面在礼仪用玉中已介绍玉璜，这里主要谈谈徐州狮子山楚王陵出土的龙形配饰和北洞山出土的玉韘佩。

（一）双龙玉佩

使用上乘的和田白玉，透雕而成，两条连体背对的龙组成，龙首朝外，其龙形为“S”。两龙相同背对，中间相连巧妙地形成“T”形孔，方便系绳佩带，造型生动，对称的美使得整件玉器沉稳大气，雕工线条流畅。

（二）勾连云纹龙形玉佩

使用上乘和田白玉透雕而成，玉色微青，局部有沁色，龙头微低上昂，身呈拱形，“S”形特征明显，龙身浮雕勾连涡纹，尾部呈凤尾状，造型奇特。工匠表现手法大胆，整体玉器构图新颖、工艺精湛。（图6）

（三）S形龙玉佩

玉龙长17.5厘米，宽10.2厘米，厚0.6厘米，以和田白玉雕琢而成，玉质温润，抛光精细，有玻璃光泽，龙身局部有沁

图 6 勾连云纹玉佩

图 7 S 形龙玉佩

色。造型稳重，威猛刚劲，身体蜷曲有度呈“S”形，张须露齿，双目圆瞪，前足曲折，爪趾锐利，龙尾上转平削，龙身通体蝌蚪状涡纹。采用了透雕、浮雕和阴线刻等技法，把龙的威严厚重，霸气夺人的气势表现无遗。徐州狮子山出土的竖S形玉龙，精美硕大，在国内堪称绝世珍品。如此玉龙在汉代初期出现，说明在古代群雄争霸造就强势、尚武、进取的社会精神，直接影响当时玉器艺术的审美取向（图7）。

（四）盘龙韘形佩

玉韘最早萌生于商代，形成于战国，兴盛于两汉，西汉玉韘佩是发展高峰。这一时期出土大量风格各异、造型优美的玉韘佩，而以1986年徐州茅村北洞山出土的一件盘龙玉韘佩最为震撼。该玉佩高5厘米，宽3.9厘米，仅重18克，为和田玉质，由于年代久远，通体受沁呈鸡骨白状，表面有一层温润的黄色包浆。正面透雕三只盘绕的螭龙，主体左上方一只螭龙自玉佩背面转身而来，探出龙头张口目瞪转向正面，此为圆雕表现手法。背面亦雕有两只螭龙蟠绕。上部中间雕有一双面螭首，螭口侧面有佩挂系绳之孔，孔道极细，只有两毫米，令人颇为惊叹。这件玉韘佩不仅装饰纹样设计独道，同时采用了圆雕、镂雕、浮雕三种雕刻技法，体现了西汉初期高超的治玉技艺和两汉玉器在设计上的构思巧妙，堪称是“目前汉代考古发现工艺最为复杂，形制最为精美的玉韘佩”。

四、生活用玉

在日常生活中，汉代贵族也喜欢使用玉制器皿，但是由于制作玉器的原料需从新疆运来，路途遥远，制作工艺复杂，所以出土的玉器中生活用玉还是极为稀少。常见的生活用玉多为印章，玉印的使用比较宽松，除印章外，出土的生活用玉还有卮、高足杯、耳杯、带钩等，但数量很少。卮、高足杯、耳杯均为酒器。玉带钩，徐州出土的相对较多，如双龙首并体带钩，水晶带钩，龟山的玉带钩等。

（一）玉卮

狮子山楚王陵出土的玉卮为完整器，是实用酒具，由器和盖构成，通高11.6厘米，盖径7.1厘米。用白色泛青和田玉雕刻而成，器高9.9厘米，口径6.6厘米，器身上下浮雕云纹图案一周，中间饰勾连涡纹。下有三小足，上雕饕餮纹，盖与器分开，盖有子母口，与器身扣合，盖上中心透雕，翻卷柿蒂花瓣，瓣心饰葵心纹，周围浮雕一周勾连纹带，外有素面廓，其上卷出三朵涡形波浪，纹饰卷于勾连纹带上，设计精美绝伦，工艺水平极高，实为难得的佳品（图8）。

图8　勾连纹玉卮

（二）玉耳杯

长14.3厘米，宽11.1厘米，用整块白玉雕琢而成，椭圆形，两侧有二耳，玉质上乘，素面抛光，温润光洁，造型美观，发现于徐州狮子山楚王陵，出土时在两只耳杯里还发现玉蝉，玉蝉在这里出现，说明了它的用途，两件玉蝉皆用新疆和田白玉制成，为写实作品，造型逼真，双目凸暴有神，尾部翘而欲鸣，蝉翅纹理清晰，从尾至嘴有穿孔，亦可为饰品，和酒具一起，比喻饮酒为一种高尚之风，这体现了古人对美好生活的独特审美趋向（图9）。

图9　玉耳杯

徐州出土的汉玉，是汉代徐州先人留给我们的巨大宝藏，是研究玉雕艺术与审美的最好资源，是帮助人们全面认识汉代文化艺术的桥梁。今天我们应该加大研究力度，将徐州汉玉所蕴含的艺术价值、伦理思想探究清楚，并以图书或文章的形式介绍出版，让社会各界通过这座桥梁更好地了解徐州两汉文化。

汉画像石与睢宁儿童画

张甫文[1]

中国唯一的誉满全球的“儿童画之乡”——睢宁县，古属下邳，自前2157年奚仲迁邳建国以来，坐落在今日睢宁县北部的古邳镇就一直是历史上或国或郡或州或县的治所，也是我国中原东部最为繁华的政治、经济、文化中心。睢宁人常说三句顺口溜：“从下邳国到睢宁县，源远流长四千年。”“一部三国史，半部在下邳。”“睢宁儿童爱画画，源自汉代像石画。”这正是对睢宁厚重的历史文化底蕴和睢宁儿童画由来的最好诠释。

一、睢宁汉画像石产生的历史背景

睢宁县是徐州地区汉画像石的主要出土地，也是全国四大汉画像石出土地之一。以在睢宁出土的《牛耕图》为代表的徐

[1] 张甫文，徐州市睢宁县民间文艺家协会主席。

州的汉画像石与南京的六朝石刻、苏州的明清园林并称为“江苏三宝”，与汉墓、汉俑并称为“中国汉代文物三绝”，已成为“两汉文化看徐州”最为重要的文化遗产。

20世纪初期，在睢宁地区的田野里，随处可见历尽沧桑的墓碑、石人、石马、坐狮、石狮等精美雕刻的“御葬品”，其石像形体高大，工艺精湛，绘画栩栩如生，后均在“破四旧”中人为损毁。尤其是那些官宦人家的坟茔遭到掘墓厄运，所出土的汉画像石多是被四分五裂而后被抛弃在沟河路边；有的被百姓作为盖猪圈、垒厕所的材料。20世纪30年代，由我国著名金石鉴赏家张伯英先后在睢宁县双沟镇收集了一批汉画像石，著名的《牛耕图》就是其中之一。当被中国历史博物馆收藏并向世人公开后，睢宁的汉画像石在国内外有了名气。中华人民共和国成立后，考古工作者又先后在睢宁县境内发掘了朱集“九女墩汉画像石墓”，张圩“刘楼汉墓群一、二号墓”和“锅山汉画像石墓”等，并在双沟、古邳、姚集、官山等乡镇陆续征集了一批散存于民间、有代表性的汉画像石100余块，为研究两汉文化提供了珍贵的实物资料。

睢宁地区为什么有这么多的汉画像石？这是与悠久的历史和特殊的地理位置有关。

睢宁早在新石器时代，就有先民在此繁衍生息。夏朝时的邳国主要为徐夷氏族聚居之地。战国时期，齐威王封邹忌为成侯于下邳，始称“下邳”。前208年，项梁渡淮，军下邳。汉定天下，改郯郡为东海郡，统38县，治所于下邳。前202年，韩信改封为楚王，都下邳。汉高祖七年（前200年），下邳仍为东海郡治所。东汉永平十五年（72年），汉明帝封子衍为下邳国王，领17城，治所于下邳。东临东海，西至徐州，南过淮阴至安徽嘉山，北达临沂，为下邳疆域最大之时。汉献帝建安二十五年（220年），曹魏建国后沿袭汉时旧制，徐州刺史治所仍于下邳。直到明永力二十二年（1668年）7月12日因发生强烈地震与黄河决口，使一座两千多年的古城湮没于水，永久沉睡于地下。当时下邳治所北迁至今日邳州境内的艾山。沉陷的古城遗址后改称古邳镇至今。

历史上的古下邳既是我国中原地区水陆通衢、人丁兴旺、商贸繁荣的名城，也是历代兵家必争之地。这里山川形胜、名人荟萃，留下了众多古迹和激荡人心的典故。如周朝时，宋襄公伐齐，于前641年在下邳建有白门楼，后又有吕布吊死白门楼的故事。前544年徐国君亘王，在徐国治所下邳城接见出使鲁国的吴国公子季扎，因爱慕其剑，后便有“季扎挂剑”的千古绝唱。秦末，谋士张良因椎秦未遂，潜匿下邳，在圯桥遇黄石公得兵书，后便有“圯桥三进泥中履，辅佐刘邦成大汉”的典故。到了汉代，下邳作为两汉文化的发源地，文化遗存更是丰富多彩。其中汉画像石，因是汉代（前206～220年）人们刻画在墓室、墓碑、祠堂上带有鲜明主题的装饰石刻画，画面上既生动地描绘了汉代社会的典章制度、衣食住行、民族风情、神话故事，也展示了两千年前人们高超的绘画艺术水准，所以，一直被睢宁人民世代临摹描绘并有序相传。

再者，睢宁出土的大量汉画像石，也是与睢宁地区优越的自然条件和发达的农业经济分不开的。睢宁境内襟山带河，腹地多为平原，水源极为充足，历史上著名的睢水、沂水、泗水贯穿全境。便捷的交通条件和发达的冶铁产业，大大提高了当时的生产力、促进了农业、手工业的繁荣发展，造就了古老睢宁辉煌灿烂的文化，为汉画像石的产生提供了较好物质基础。特别是在睢宁境内分布周边的山区地带，盛产优质青石，是创作汉画像石的优质材料，为营造汉画像石墓冢提供了极为便利条件。

此外，汉代崇尚厚葬，这一丧葬习俗，在汉代徐邳地域特别盛行，主要因当时的下邳聚居着众多皇亲国戚、豪强大户，汉画像石便是这一时期他们“生不及养，死乃崇丧”的产物。贵族王公、豪门富户如此，流风所及，黎民百姓、市井布衣也为之效仿，纷纷把刻石作画作为陪葬的必需品。于是，汉画像石墓葬便在这里兴盛起来。

正因为汉画像石承载着厚重的历史文化、民俗文化，尤其是汉代高超的绘画与雕刻艺术，所以在睢宁地区一直被后人有序传播与研究学习。

二、睢宁汉画像石主要题材内容

睢宁收集出土的汉画像石，大部分较为珍贵的作品已被国家、省、市文博单位收藏，其余皆收藏在睢宁县博物馆。这些被收集的汉画像石题材内容十分广泛，既有反映汉代人民的生产生活习俗，也有反映当时的文化艺术与人们的思想意识等各个方面。主要有四多：

（一）以反映汉代农耕技术与建筑技艺等生产生活类的题材多

诸如《牛耕图》《亭台楼阁图》《桥梁图》等。均以汉代生产生活的真实画面，反映人们的生存风貌。

如刻于东汉时期的《牛耕图》（图1），是由著名中国碑帖学家张伯英于20世纪30年代从散落在睢宁县双沟镇苏山村的一农家中收集，此像石纵80厘米，横106厘米。原为祠堂画像。画分三格：上格刻仙人异兽，中格刻人物送别，下格刻《牛耕图》。这幅《牛耕图》既是汉代农耕社会历史的综合表现，也是徐州汉画像石中的精品代表作。现藏于中国历史博物馆，并印在博物馆的门票上。欧美出版的《中国艺术史》一书也是用睢宁县双沟镇出土的《牛耕图》作封面，可见其价值之珍贵。

图 1　牛耕图

此幅《牛耕图》中刻有四人：一人在田里扶犁喝牛耕地，随后有一儿童跟墒播种；一人举起锄头除草；一人挑担为种田的家人送饭、送水。田头停放一辆大车，车上满载的可能是肥料、种子以及播种后进行保墒的农用工具。

国内外众多农史专家学者，非常重视这幅画像石的科学价值。从这幅图上可以清楚地看到东汉时期睢宁一带农耕制度已经有了三大改进：一是畜力犁地工具改进，发明了比较先进的犁架、犁铲，生产工具的创新改进，有效提高了生产力。二是犁地技术的改进，据《汉书·食货志》记载，西汉时代“用耦犁、二牛三人”，即一人牵牛，一人扶犁，一人压辕控制犁地深浅。而这幅图中只是一人左手牵动牛辔（驾驭牲口的缰绳），喝动二牛，右手扶犁，自行犁地，大大节省了人力与畜力。三是耕作方式改进。画面中正在犁地播种的田间，还有正在生长的庄稼，可以推测那时的睢宁县乃至徐邳大地已经推行一年二熟或是间作套种的耕作方式了。

从画面中还可以看到车辕上有小鸟停息鸣叫，一只家犬俯卧在大车阴凉处耐心等待主人收工回家，表现出人与自然的和谐场景。

建筑图类出现较多的画面有《亭台楼阁图》《楼阁建筑图》《桥梁图》等。都是真实反映汉代社会上层统治者为了追求居住的安适，多以“高台榭，美宫室”竞相夸耀的生活情景，也促进了当时建筑业发展。古代睢宁，达官显贵、巨商富甲在此营建了一批又一批富丽堂皇的宫室，多为立柱、斗拱、护栏纵横交错，屋顶多为庑殿式和歇山式，表现了汉代楼阁建筑的高超技艺。当年下邳最为著名的建筑当属下邳相笮融在下邳城南建造的浮屠寺。据《后汉书》载：“笮融在下邳（即今睢宁县古邳镇）大起浮屠寺，上累金盘，下为重楼，又堂阁周回，可容三千许人……”此外，还有众多的历史记载都反映“下邳浮屠寺为天下第一塔”。虽然此塔在历史沧桑中早已荡然无存，但在睢宁出土的汉画像石中，仍可找到当年这些建筑的雄伟风貌。

再如，在睢宁县双沟镇出土的汉画像石《门楼建筑图》（图2），此石系弧面浅浮雕，画面呈半月形。中刻一门半掩，一门吏在门扉后漏出半身，楼上三人凭栏并座；楼下门的两侧排列廊庑三间，有栌斗承托檐枋，每间均有男女二人凭栏而坐，应是表现主宾观看表演的情景。屋顶覆瓦，屋角微翘，楼阁正脊上有“火珠”装饰，建筑设计独特，浑雄端庄。

图2　门楼建筑图

（二）以反映汉代贵族出行、迎宾宴饮等礼仪类的题材多

常见有《车马出行》《迎宾宴飨》《庖厨宴饮》等。车马出行在汉代官僚贵族中已经形成一种习俗，为了显示其威风和富有，“出入鸣钟磬，具备威仪、笳箫鼓吹、车骑满道”，达官贵人郊游、赴宴、田猎等各种出行活动，必备车骑。如在睢宁九女墩汉画像石墓中的《车骑狩猎图》中，官人坐在辎车内，骑吏携带弓箭，车疾马驰，威风凛凛。

睢宁汉画像石中出现较多的还有拥彗、持笏板、执盾等迎候人物的画面，反映了汉代社会的迎候习俗和制度。拥彗即持扫帚，是迎候礼节之一，意思是告诉客人，在你到来之前道路已经打扫干净了，表示对来客的尊敬。同时还对来客必有乐舞款待，为汉代一种独特的礼仪之风。

《庖厨宴饮》画像石，既反映汉代上层社会迷恋享受、养尊处优、宴飨成风、大摆宴席的阔绰豪华，也反映了墓主人对世间钟鸣鼎食生活的贪恋，所以多在坟墓中出现。

（三）以反映汉代乐舞百戏、建鼓杂技等娱乐类的题材多

汉代的睢宁社会经济、文化繁荣，统治者及贵族豪强多尚娱乐，乐舞百戏是他们闲暇时消遣娱乐的一种重要游艺活动。这一题材汉画像石多以反映音乐、舞蹈、杂技场面为主要内容，尤以睢宁下邳古城周边地区出土最多。在一幅幅《舞乐百戏》画像石中，常见的汉代乐器有筑、排箫、长笛、建鼓等。汉代舞蹈多以长袖舞、翘袖折腰舞为主，相传为刘邦宠妻戚姬（睢宁人）在皇宫中创作，其舞蹈特色是“云转飘忽，长袖飘逸”“体若游龙，身段轻盈，舞者举袖折腰，舞姿婀娜。”现在的睢宁县城云河广场南侧建有一座全长860米蜿蜒起伏的水袖天桥，就是模仿汉代乐舞姿态而建造的，也是对汉刘邦宠妻戚姬的纪念。汉代百戏杂技，一般有跳丸、倒立等，倒立以飞檐倒立最为精彩，往往是腾空翻下显得身体极为轻盈，令观众拍手叫绝。杂技表演，多是配合演奏乐队。

汉画像石《建鼓舞》，其表演场面极为精彩。如在睢宁县双沟镇出土的画像石《舞乐、车马、建筑图》，现藏于徐州汉

画像石馆。在其中格右面刻有乐舞图，为院落中的乐舞表演，图中有建鼓，羽葆华盖，装饰华丽，有二人持桴击鼓，另有乐人击铎吹箫，伎人做倒立、飞跃表演。此像石的乐舞特点是鼓舞结合，活泼有力；舞蹈者在建鼓两侧，手执鼓槌，不停地变换各种动作，边鼓边舞，十分欢快壮观。

此外，娱乐类的画像石还有《六博图》等，如在姚集镇出土的画像石，刻有榻上二人对坐，中间放置博具和箸杆，箸杆上方刻有一只鸟，应为博棋中“枭棋”。汉代六博行棋，要饮酒助兴，输者罚酒，亦是汉代贵族们重要的娱乐消遣活动之一。

（四）以反映汉人信仰崇拜伏羲、女娲等神话类题材多

在睢宁地区，一般矗立在墓地中坟茔之处的汉画像石，俗称墓碑。其上刻画的内容多为神话传说中的祥瑞之物。如《伏羲、女娲交尾图》《羲和举日图》《羿射九日图》《嫦娥奔月图》《三足乌》等，都是反映汉人图腾崇拜的观念，也为后人了解研究汉代政治、经济、文化留下了弥足珍贵的图像资料。

三、睢宁汉画像石对儿童画的影响

睢宁汉画像石是重要的秦汉美术史料，是绘画与雕刻相结合的艺术产物。从艺术特色来讲，拙朴自然、粗犷流畅是其显著特点。“汉兴，……所雕而为朴。”它反映了一个时代的气质、风尚和特殊的绘画风格，这些风格对后世也影响深远。

汉画像石艺术是凭借刚劲刀法的阴阳锐钝和线条的粗细强

弱进行艺术创作的，从雕刻技法上，睢宁汉画像石有浮雕、线雕、圆雕等。其制作精细的娴熟技法、丰富多彩的题材内容、自然淳朴的绘画风格，独具特色。这些留存下来的画像石，一直感染和影响着一代又一代热爱美术的工作者，特别是在睢宁及徐州其他地区的美术创作和作品中，我们会发现许多与汉画像石脐带相连的关系，睢宁县也出了许多绘画大师。诸如睢宁人创作的“蝴蝶画”，在清代巴拿马国际博览会上获得二等奖；还有民国时期的山水画家傅蕴斋、现代知名军旅版画家宋彦圣，知名书画家陈传席等。他们的创作与当地出土的汉画像石既有文化基因的一致性，也有着相同的价值体现。尤其在中华人民共和国成立后，睢宁大面积田野中矗立的汉画像石又被广大绘画研究者用宣纸制作成汉画拓片，更加拓宽了画像石的推广与普及，并不断影响着一代又一代喜欢画画的青少年，睢宁儿童画也在国际国内的艺术舞台上大放异彩。纵观细究古今绘画方法的一致性，可明显看出睢宁儿童画主要传承了汉画像石三个方面的绘画风格。

（一）传承汉画像石“饱满均衡”的画面布局风格，形成了睢宁儿童画“密布满幅”的绘画特色

睢宁汉画像石在构图上一般充天塞地，密不透风，空白处还要填以飞鸟走兽之类。然而，在繁复的构图中却内含条理，满而不乱，极其富有装饰性。如睢宁九女墩画像石中的《桥梁图》，桥上车骑奔驰，桥下渔船穿梭，画面安排得满满当当，而在车骑上空，又用云、鸟填空。在云与鸟的衬托下，更加彰

显了桥梁稳重和车马疾驰的场景。

再如征集于睢宁县双沟镇的《牛耕图》，是一幅汉代最为优美的田园风俗画。这幅像石画最为显著的特点就是画面中构图极为饱满，作者对人与动物、静物的数量分布安排得合理有序，即四人各司其职，忙而不乱；三头牛其中二牛犁地，一牛在一旁啃草；三只鸟在车上停爪歇息，表示人与自然和谐；还有三株玉米以及耕犁、板车、撒种笆斗、送饭挑担等多种生产生活用具，也是层次分明。仅有一犬在车旁卧歇，恰巧填补了画面的空白。此画面雕刻精湛，古拙凝重，确实是最能显示饱满均衡绘画风格的汉画像石代表作。此外，汉画像石造型中的线条也显示出稚拙、单纯、粗犷、豪放的特征，与当今儿童画十分相似。

睢宁儿童画非常普遍的都继承了汉画像石的“饱满均衡”的构图风格。如在20世纪80年代，曾在巴拿马国际博览会上夺得金质大奖的睢宁儿童，是以“保护生物”为主题而创作的儿童画——“小鸟也要家”“我们都是好朋友”等。每幅画面不但完全摹仿了汉画像石“饱满均衡”的绘画风格，使整个画面几乎没有一点空隙，而且从画面内容上也真实体现了儿童们热爱环保的意识。可以看出在儿童的眼里，优美的自然环境才是人们理想的居住场所，所以才会创作出《小鸟也要家》（图3）。观其画面极为真实：房屋建在大树下，大树上有各种鸟巢，也是鸟儿的家园。当有二人在砍伐锯树时，树下有二人举手高喊：“不能锯，树上有小鸟！”还有居住楼上的人也在高喊制止锯树。整幅画面设计得十分形象，动物与静物布局得十

图3 《小鸟也要家》

分充满、恰当。

另有一副获得国际和平奖，题为《我们都是好朋友》的儿童画，是一位仅有八周岁名叫窦晨晨的小女童创作的，在这幅主题鲜明的风景画上，几棵大树，枝叶繁茂；小鸟、蜻蜓在林中飞舞；林间草地上坐着一位微笑的小女孩，右手抚摸着一只小白兔，左手自然抬起让一只小鸟尽情亲吻；林地里各种长腿、短腿以及爬行动物，相互致意，和睦可亲，分别向她张望走来。这既是一幅保护生态环境的畅想图，又是一张呼唤全球和平昌盛的倡议书，多么形象逼真啊！画面中动物、静物较多，满满塞塞，动静结合，安排得非常有序得体。正如现任睢宁儿童画活动中心主任申光所说："观其每一幅儿童画，幅幅充天塞地，无一不显示睢宁汉画像石的绘画风格！也正是睢宁百姓胸怀博大与充实心态在儿童绘画艺术中的再现。"

（二）传承了汉画像石"迁想妙得"的创意思维，开拓了睢宁儿童绘画的想象力

构图绮丽诡谲是睢宁汉代画像石的魅力所在，主要表现在构图不落窠臼而另辟新意上。如睢宁双沟镇出土的汉画像石《车马建筑图》，为了突出中格建筑"四阿重屋"的崇高，富

于创造性地在画面中间的显耀位置，以窗景式的构图描写一段历史故事，真是画中有画，妙不可言。

极具创造性艺术的画像石在睢宁大地出土很多。如在九女墩汉画像石墓出土的《侍者献食图》（图4），在表现门吏毕恭毕敬捧食进奉的面部表情时，在侧面的脸部上刻一双正面的眼睛，或者说是在正面的脸部上刻一侧面的鼻子，侍者左顾右盼的情态被充分地表现出来。若就自然形体来说，它是不正确的，但就艺术创造来说，则是一幅较为成功的作品。这种脱离对自然形体的简单摹仿，而形成的不拘形似、笔简意繁的画面，切实体现了先民们稚拙、浪漫、大胆的审美情趣。

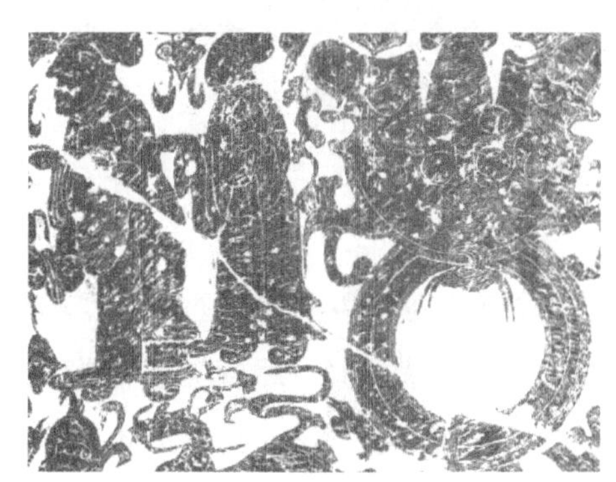

图4　侍者献食

审美当今的睢宁儿童画，可清晰看出孩子们的画笔完全是在画像石的启迪下，成功吸取了汉代先民“迁想妙得”的构图方法，变为自己的稚拙奇想，进而迸发出孩子们独特的艺术思维方式和创造力。儿童们吸取汉代先民的绘画艺术，进行自由自在的涂鸦、变形，自然形成了稚趣天成、生机盎然，并洋溢着童心的天趣和光彩的一幅幅童画。如《阳台上的猫》（图5）不但将猫画得比窗户还长，不像可爱的实际家猫，很像一只大豹子。但是这只猫勇猛捉鼠的形象却画得非常逼真。

图5　《阳台上的猫》

再如5岁儿童金子淳创作的《大老虎》（图6），他特别注重把虎脸化成人脸，而且是双眼圆瞪，怒目凶狠的样子，完全把人的愤怒表情移植到老虎身上，尽管没有画出虎身体，只画出老虎的尾巴直立竖起。但是老虎的形象却画得极为逼真。

还有一幅《漂亮的卖红薯阿姨》（图7），小作者只想到把卖红薯阿姨漂亮的脸蛋画得不被提秤之手挡住，于是把阿姨的脸蛋横着画，尽管笔意非常简单，把阿姨的脖子画得与身体分开了，脱离了对自然形体的简单摹仿，但是却非常符合

图6　《大老虎》

图7　《漂亮的卖红薯阿姨》

孩子们的创作想象力。

尤其在反映现实生活时，孩子们能够着重人物感情和生活气息的刻画，这种儿童画创作得十分成熟，与汉代那些胼手胝足的先民创作的像石具有非常相似的创作风格。

（三）传承了汉画像石的夸张手法，形成了睢宁儿童画“大胆自由”的表现手法

夸张手法是汉画像石在表现神话传说和祥瑞动物这类题材时常用的表现方法。图像一般采用较为夸张的形式语言来表达人们对祖先的崇拜与对天国的幻想。汉代表现人的精神图腾以及对未知世界的痴迷和神往，多以青龙、白虎、朱雀、玄武等祥禽瑞兽人画，有神话传说的炼石补天，伏羲、女娲人首蛇身相交；有玉兔捣药，神仙羽人，昆仑山上的西王母，三足乌；有九头人面兽、麒麟等等幻境意象，具有浓郁的浪漫主义风格。如20世纪“文革”前，在睢宁地区一般大户人家的墓园中，那矗立在坟墓前或出土的碑石上雕刻最多的图像就是“伏羲、女娲人首蛇身相交”图和“三足乌”图（图8）等画像石。三足乌是昭显孝道的祥瑞，《春秋元命苞》说：“流火为乌。乌，孝鸟，阳精，天意，乌在日中，以天

图 8　三足乌

昭孝也。”，《宋书·符瑞志》说：“三足乌，王者慈孝天地则至。”总之，这是把太阳中心的黑子想象成三足乌，是用来向人们彰明孝道的东西。

汉人以表现虚幻的意境采用夸张的手法作画于石头上，通过世代相传与模仿，让睢宁的孩子们非常自然地运用到自己的作品中，并成为睢宁儿童画一种独具特色的绘画风格。一幅幅夸张变形、粗犷拙直的儿童画，妙趣横生，真切显示出儿童的天性。如1981年在南斯拉夫与第36届世乒赛同时举办的体育专题国际儿童画比赛中，睢宁儿童画有七幅作品荣获金牌奖。其中一幅《武术表演》（图9），小画童采用了极富想象力的夸张手法。他以乒乓球拍为意向造型的比赛场地，把乒乓球拍画得特别大，几乎占据整幅画面的一半，乒乓球拍上是整齐划一的武术比赛健儿，乒乓球拍之外是数不清的正在开展全民健身运动的宏大场景。整副画主题创意新颖，画面构图疏密得当，人物造型既稚拙又传神。

图9　《武术表演》

四、睢宁儿童画现象与传承汉文化现状

郑振铎先生说：“汉代艺术是精致的，但没有琐碎之感；是深厚的，但没有板涩之感；是生动灵活的，但没有浮躁之

感；是写实的，同时也结合了伟大的传统幻想。”这句话同样可以形容我们睢宁儿童画。睢宁儿童画发展于20世纪50年代，兴盛于90年代至今。从1978年第一次出国参展以来，全县共有25000多幅儿童画作品被选送到美国、苏联（前）、法国、英国、意大利、西班牙、南斯拉夫（前）、瑞士、日本、印度、德国等70多个国家和地区展出，荣获各类国际奖项3800多个，1996年11月，睢宁县被中国文化部命名为“儿童画之乡”。

睢宁儿童画曾十多次应邀在中国美术馆、中国历史博物馆等展馆展出，国家领导人彭冲、茅以升、张爱萍、康克清等多次亲切接见睢宁赴京小作者，王济夫、孙家正、季允石、郑斯林等省部级领导多次到睢宁县看望美术教师和儿童画小作者，全国著名书画家、教育家、学者诸如张雪父、李榷、钱君匋、徐佛华、李广汉、周松生、朱卓鹏、尉天池等多次到睢宁考察儿童画创作情况，并从理论、方法上给予指导。美国、法国、日本友人和海外侨胞多次专程到睢宁县一些学校参观考察。英国的《时代周报》《泰晤士报》、BBC电台、《澳门日报》《文汇报》《香港文汇报》《人民日报》及其海外版、《新华日报》《中国教育报》《解放军报》、中央电视台等数十家国内外新闻单位分别通过不同形式报道睢宁儿童画创作和学校艺术教育的经验。联合国教科文组织1982年11月向睢宁发出了“感谢你们为全人类的和平事业做出了杰出贡献”的贺信。

2004年10月，睢宁县委县政府从科学发展观的高度，不但举办了儿童画艺术节，还相继出台了一系列繁荣和发展睢宁儿童画的新举措，旨在通过发展儿童画特色教育、特色文化和特色旅游，把睢宁儿童画做成睢宁的品牌和名片，以促进经济社会各项事业全面进步。

2006年，睢宁儿童画受到了时任外交部部长李肇星的认可，被选定为“国宾礼品”。同年4月，李肇星陪同国务院总理温家宝访问亚太四国时将睢宁儿童画“龙门石窟”（图10）和一册《睢宁儿童画作品集》作为珍贵的礼物赠送给澳大利亚外长唐纳。胡锦涛主席出访肯尼亚期间，将睢宁儿童画作为国礼赠送给人类住区规划署执行主任蒂贝琼卡和环境规划署代理执行主任卡卡海勒。时任中共江苏省委书记李源潮把睢宁儿童画《和平鸽》赠予来访的中国国民党荣誉主席连战夫妇，使睢宁儿童画成为两岸人民向往和平统一的见证。

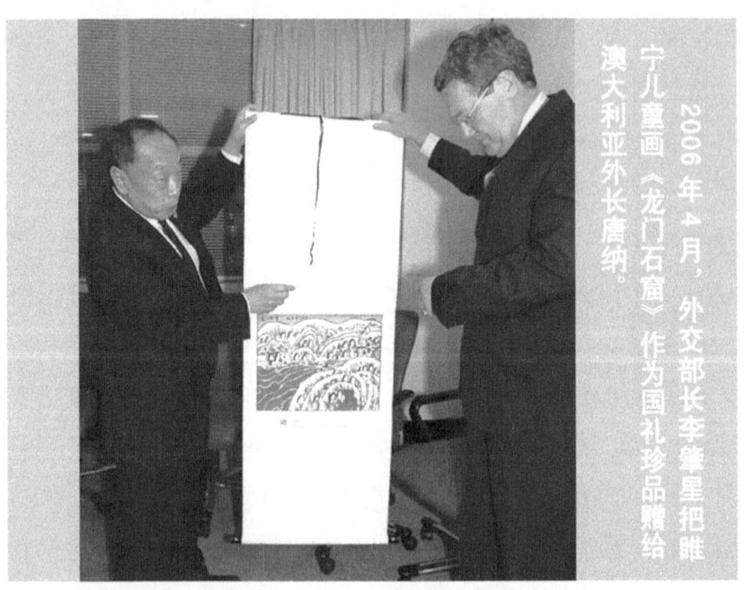

图10　李肇星将睢宁儿童画赠送给澳大利亚外长唐纳

2007年6月，温家宝总理给睢宁儿童画小作者王孝文回信（图11），盛赞睢宁“有五万余名小画童，真不愧为儿童画之乡”。2009年6月1日，睢宁儿童画被中国邮政总公司发行为邮票。2014年5月9日，由南京青奥组委会主办，南京青奥组委文化教育部和睢宁县人民政府共同承办的“牵手青奥，拥抱未来”——南京青奥会国际青少年绘画大赛颁奖仪式暨获奖作品展在南京市石头城公园隆重举行，睢宁儿童获奖最多。

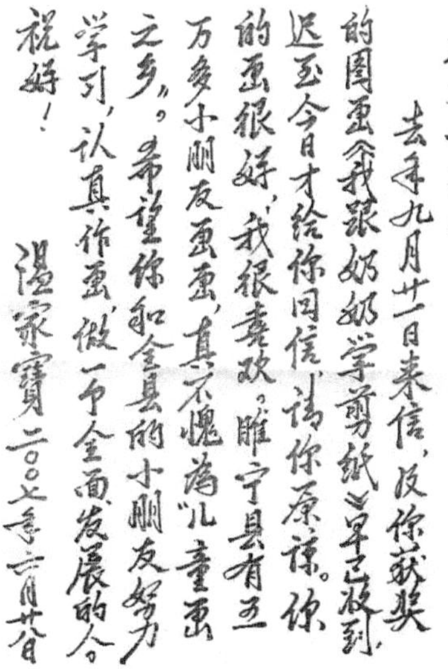

孝文小朋友：

去年九月廿一日来信，及你获奖的图画《我跟奶奶学剪纸》早已收到，迟至今日才给你回信，请你原谅。你的画很好，我很喜欢。睢宁县有五万多小朋友画画，真不愧为“儿童画之乡”。希望你和全县的小朋友努力学习，认真作画，做一个全面发展的合

祝好！

温家寶　二〇〇七年六月廿八日

图11　2007年7月温家宝总理给睢宁儿童画小作者王孝文回信

现今睢宁县已把儿童画作为美学教育中的必修课。走进睢宁大地，无论哪所学校，随处可见儿童画文化墙、儿童画展览、儿童画竞赛、小画童写生创作，这已经成为了睢宁独具特色的地方文化景观。一群群天真活泼，异想天开的孩子们，在美术老师指导下，手持画笔，细心观察，富有想象地不停描绘，自由自在地夸张变形。一双双稚嫩的小手，不一会儿便创造出一幅幅美丽的画面。

近年来，睢宁儿童画不断向更高层次发展。睢宁儿童的普及与繁荣，证明了她不仅仅是培养了孩子们的绘画兴趣，更重

要的是提高了孩子们的文化素养。孩子们通过模仿一幅幅汉代画像石，不但传承了汉代先民的绘画技术，同时也传承了汉代的乐舞、礼仪、民俗文化。比如孩子们模仿汉画像石——牛耕图，当画到图中有一孩子跟着牛犁后边撒种时，自然就会促使孩子们增强热爱劳动的思想观念，从而启发孩子们有序传承保护汉代文化的兴趣。再如，睢宁人热情待人留客晚餐时一直沿用汉代用语："哎！晚上在我家喝茶吧！"，这正是通过世代模仿汉代像石画而有序传承至今的。再者，1957年在全国民族音乐舞蹈汇演中，受到周恩来总理赞扬并获全国大奖的睢宁落子舞，就是汉代乐舞有序传承并不断创新的，当今表演的睢宁落子舞中的"鹜子翻身""打螃蟹"等好多动作都是汉代建鼓舞中的"持桴击鼓""飞檐倒立"等汉代舞姿的传承与延续。如此等等，以儿童画传承汉文化、保护汉文化现象，在睢宁地区举不胜举。

目前，睢宁儿童画，不仅成为一种地方特色文化，而且逐步发展成为了一种文化产业，享誉国内外，并作为地方文化品牌不断助推睢宁经济快速、有效、持续发展，也开启了睢宁美好的明天。

明清以前古徐州港口群的历史重构

——“丝绸之路与汉文化”调研报告

毕旭玲[1]

中国古代海上丝绸之路是一个立体体系。在这个体系中，不仅沿海港口是重要节点，内河港口也在货物的转运和商品的集散方面发挥了重要作用。但我们对古代海上丝绸之路的研究，受时间和地理变迁的影响，往往是单一的和片面的。比如在那些地形地貌变动频繁的地区，不少曾经的港口已经成为一片陆地。关于这些港口的辉煌历史和它们在海上丝绸之路发展史上所起过的作用，尤其是明清之前的情况，因为缺乏足够的文献记录而甚少为人所知。“一带一路汉文化探源”的调研区域——以徐州为中心的苏、豫、皖交界处就是这样一块从古至今地貌变动相当大的土地。通过调研，我们发现徐州港口群在古代海上丝绸之路的发展中起过非常重要的作用，但明清之前

[1] 毕旭玲，上海社会科学院文学研究所副研究员。

的港口记忆因地貌的自然改变、人为破坏或战争等因素几乎被遗忘。

一

徐州有着非常悠久的历史。原始社会末期，大禹治水成功以后实施了中华历史上最早的行政分区，形成了古九州。古九州之一就是“徐州”。根据《尚书·禹贡》的记录，古徐州包含了今徐州，但范围更大，大致包括今天的江苏北部、山东西南部、河南东部。虽然古今徐州范围不同，但“徐州”这一地名一直保留下来。彼时，长江三角洲东部沿海的很多土地还没有出现。古徐州直接临海，与淮水、沂水、泗水等古河流关系密切，盛产珍珠和鱼类，并以此为贡物。徐州上交这些贡物的路线是：“浮于淮泗，达于河”（《尚书·禹贡》）。也就是说徐州的贡物通过淮水、泗水等河流，转入黄河，然后到达夏都。

水道纵横的生活环境造就了擅长航行的部族——徐夷、淮夷。徐夷亦称戎或徐方，为古老的东夷部族之一。从夏至西周，徐夷生活在淮河中下游的今江苏西北部和安徽东北部。西周初年，徐夷以今江苏泗洪为中心建立徐国，成为东夷中最强大的一支。淮夷也是东夷部族之一。从夏至西周，淮夷生活在黄淮、江淮中下游一带。淮夷与徐夷擅长航行，很早就能造船制桨，驾船航行。因此在他们生活的古徐州境内很可能形成原始的港口。《山海经·海内东经》载：“泗水出鲁东北而南，西南过湖陵西而东南，注东海[1]，入淮阴北。”泗水是淮水的支流，它发源于鲁地的东北方，然后向南流，经湖陵的西边又折向东南，流入东海，入口在淮阴的北面。《尚书·禹贡》中说徐州进贡的珍珠和鱼类，可能是海水珍珠与腌渍、干制的海产品。这些集中捕捞海蚌和海鱼的地方，应该就在泗水等古河流入海的地方。这些地方因为古徐州民众的长期捕捞，形成了原始渔港。连云港东海县[2]博物馆收藏的大型海鱼（疑为鲸鱼）骨化石，宿迁市[3]博物馆收藏的新石器时代的骨制鱼鳔等渔业生产的器具，都可以为其佐证。

孔望山一带应该存在过早期海港。孔望山为古徐州之地，今属连云港市海州区。相传，孔子曾在此登山望海，因而得名。孔望山上还曾建有供奉东海神君的东海神庙，始建年代不详，东汉永寿元年（155年）重修，今不存。至今在山顶上仍有祭祀东海神君的杯盘刻石（图1）。

图 1　杯盘刻石，连云港市孔望山山顶

[1] 这里所说的“东海”其实是今天的黄海。

[2] 今连云港东海县与今徐州接壤，在徐州东部，大体为古徐州辖区。

[3] 今宿迁市与今徐州接壤，在徐州东南部，大体为古徐州辖区。

虽然因地理变迁，站在今天的孔望山上已经看不到大海了。但孔望山曾濒海，最早是先民们面对大海而祭祀东海神的祭场。后来，孔子也曾登山望海，因而留下了“道不行，乘浮桴于海，从我者其由与”的感慨。随着航海技术的发展，徐夷先民曾从孔望山下起航，并顺利返航。久而久之，这里就形成了进出的港口。而海船载回来的货物的一部分，则可能作为东海神的祭品，由当时还存活着的黄河象或淮河象驮运到山上的神庙中。今天孔望山上还存在一块巨大的象石。象石上浮雕了一个手持驯象钩的象奴，似乎在驾驭石象。

当然，因为时间过于久远，古徐州早期海港的存在仅是一种合理的猜想。而徐州历史上的重要港口，更多的还是内河港口。

二

可能在徐夷建立的徐国时期，古徐州地域内就出现了内河港口。徐国的开国君主是颛顼的后裔——伯益。伯益因辅佐夏禹治水成功而被封于徐。因此，徐国在治水方面一直比较擅长。《后汉书·东夷列传》注引《博物志》曾说徐国的第32世国君——徐偃王曾开凿了沟通徐、陈、蔡之间的人工运河。此运河沟通了今天的苏、豫、皖。它的源头离后来的运河不远，且有河道相通。徐偃王开凿的这条运河，可能是中国历史上最早的人工运河。随着运河的开凿，最早的码头与港口发展起来。

古徐州内河港口的发展与泗水、汴河有密切的关系。但在春秋后期以前，泗、汴沟通之下的古徐州地区，水运虽然得到了一定的发展，但在全国的地位还不十分突出。主要原因是淮水水系尚未与东南水系相通。当时，行驶过徐州的船至多为运送贡物之船，其他货船比较少。一直到前486年，吴王夫差为了打通向宋、鲁两地进军的道路而开掘了著名的邗沟，泗、汴两水的地位才逐渐重要起来。邗沟接通了淮河与长江两大水系。从此以后，淮河下游第一支流——泗水就成为水路咽喉的要道。而注入泗水的汴河，也逐渐重要起来。

汴河作为一条天然河流，在春秋以前就形成了。汴河，史称丹水，发源于今河南商丘市商丘古城东北的孟渚泽，向东南流经虞城县西南、安徽省砀山县、萧县，至今徐州市区解放北路与黄河故道交汇处汇入泗水。春秋时期的汴河发源地——商丘，以及今徐州市区所在地都属于宋国。但宋国并没能很好地经营这条通往东南部的河流。到了春秋末期，齐、楚、魏灭宋而三分宋地。汴河源头所在的商丘地区被纳入了魏国版图，今徐州市区所在地归了楚国。魏国曾定都安邑（今山西省夏县西北），后迁至大梁（今河南开封）。为了经营大梁，魏惠王开挖了早期著名的人工运河——鸿沟，鸿沟北接黄河，南与淮河以北的几条支流相连。鸿沟建成以后，汴河就成为它的分支，从大梁东流至徐州注入泗水。《史记·河渠书》评价鸿沟，说它“以通宋、郑、陈、蔡、曹、卫，与济、汝、淮、泗会。”如此就构成了以大梁为中心，沟通济水、汝水、淮水、泗水之间的一套水运网络。鸿沟具有农业灌溉、商业贸易和漕粮运输的功能。在鸿沟上来往的商船和漕船络绎不绝，大梁很快成为著名商业中心。《战国策·魏策》曾这样描述鸿沟的漕粮运输：“粟粮漕庚，不下十万。”我们可以想见，鸿沟所经之处，应该有不少港口码头，其中一部分就建在徐州境内的汴河与泗水岸边，这便是最早的徐州港口群。

早期徐州港口群中出名最早的应该是泗水港。泗水港形成于先秦时期。到了秦代，已经是规模较大的河港。秦始皇是当年泗水港的见证者。秦统一全国后，在今徐州地域设彭城县。《史记·秦始皇本纪》记录说：“始皇还，过彭城，斋戒祷祠，欲出周鼎泗水。使千人没水求之，弗得。”这就是著名的泗水取鼎神话。相传，夏禹曾铸造九鼎，象征九州的统治权，是传国之宝。秦灭东周以后，九鼎不全，其中的一鼎沉入了彭城泗水下。秦始皇路过彭城时，想起这件事情，就派人捞鼎。郦道元在《水经注》中的记录更有神话色彩：“（始皇）使数千人没水求之，弗得，所谓‘鼎伏’也。亦云系而行之，未出，龙啮断其系”。泗水取鼎神话在中国流传了两千多年，以徐州为中心的江苏、山东、河南、安徽四省的交界地是该神话流传的中心地。徐州汉画像石艺术馆中陈列了《泗水取鼎》画像石（图2），其内容与郦道元的记录相似，画像石的下格有一座桥，桥两侧的众人用绳索牵引一鼎，鼎内有龙伸出头欲咬断绳索。桥上端坐一人，大约是秦始皇，在等待鼎被捞出。

图2　泗水取鼎

《泗水取鼎》画像石可以看作该神话在东汉流传的见证。但该画像石却不能真实地反映出秦时彭城泗水港的面貌。泗水作为一条曾经入海的河流，以及鸿沟运河的一段，其通航能力必定很强，水面应该很宽阔。在泗水上架桥，以古代的桥梁架设技术，基本是不可能完成的任务。而且为秦始皇捞鼎的有数千人，再加之仪仗、侍从、军队等，不是一个大型港口都无法容纳这么多人。此外，《史记》中的“（始皇）斋戒祷祠”也是一个值得注意的细节。在取鼎之前，秦始皇到泗水祠中祈祷能顺利获得夏鼎。因为时间过于遥远，我们很难获知这座泗水祠的确切位置。但能接待皇帝的祠庙，其规模一定相当大，应该建在交通发达、人口稠密的泗水港附近。因此，综合考虑上述因素，泗水取鼎的发生地应该是彭城泗水港，而不是泗水沿岸的其他地方。泗水港周边属于泗水亭管理，汉高祖刘邦就曾当过泗水亭亭长。亭在秦代是低于县的行政建制，亭长大约相当于今天的乡长。亭长负责治安，并兼理交通等事。泗水港的治安，来往船只的管理也应该属于刘邦管理范围。港口是开放、包容的象征，对港口的管理，可能开阔了刘邦的眼界，为他后来起义，乃至建立汉王朝提供了一定的帮助。

下邳港也是早期徐州港口群的重要港口之一。下邳位于今徐州市睢宁县。在商代时，下邳就已经是一座都邑。春秋时期，宋襄公在这里建造了城邑，下邳城正式崛起。秦时称下邳县。西汉时期，下邳曾为楚都，楚王韩信就驻扎在这里。到了东汉，下邳成为东部重镇，经济文化相当发达。下邳城的发展，与其优越的地理环境是分不开的。古下邳县城有泗水、沂水等河流环绕，拥有水运之利与渔猎之便。出于商品流通等需求，在下邳城内外的河流沿岸一定曾形成过港口。作为水陆通衢的下邳，后来成为历代兵家必争之地，三国时期的吕布、曹操、刘备、关羽等都在这里征战过。到了东晋时期，下邳港还曾做过军事港口。史载东晋义熙五年（409年），大将刘裕率军讨伐南燕时，曾从建康出发，率水兵从淮水入泗水，到达下邳后，留下船舰、辎重，由陆路率步兵，与南燕慕容超交战于临朐以南；义熙六年（410年）三月，卢循、徐道覆率军在海上起义。晋军镇压失败，东晋朝廷紧急召回刘裕。刘裕赶路至下邳，用高达十数丈的楼船满载军用物资，令军士护送慢行，自己则率亲兵星夜赶路，最终镇压了这场海上农民起义。从刘裕的这些军事行为来看，下邳是当时重要的军事港口，其规模之大，都可以停留高达十数丈的大型军舰。

无论是泗水港，还是下邳港，都是古徐州水上交通干道的重要节点。正是有了这些内河港口，徐州作为中转站将黄河流域的物品与文化传递到海外去，也可以将海外的物品与文化传递到黄河流域。由此，徐州港口群成为古代海上丝绸之路的重要组成部分。

三

因为时间过于久远，地形地貌变化较大，又缺乏足够的文献佐证，我们对早期徐州港口群的情况仅能做出一个大略的推想。一直到隋唐以后，徐州港口群的形象才逐渐清晰起来。对此有重要影响的是隋代大运河的开凿。

隋王朝的建立，结束了此前数百年的分裂局面，形成了南北统一的强大国家。面对这样一个庞大的国家，如何进行管理，加强有效控制便成为隋代统治者需要思考的问题。隋帝选择了兴建水运。与陆运相比，水运更适合远距离、大批量货物的运输。因此，隋王朝立国之初就很重视漕运，且修渠通漕成为贯穿王朝始终的任务。虽然隋立国仅有37年的历史，却先后修建了广通渠、山阳渎、通济渠、永济渠与江南运河等多条重要运河，构筑起了全国性的水运网，联通了海河、黄河、淮河、长江和钱塘江五大水系，使中国南北地区成为一个更紧密的整体。

其中，于隋大业元年（605年）开挖的通济渠，引黄河水在徐州入泗水，并最终汇入淮水。从此，徐州便成为大运河的重要枢纽，从江南运往京城的漕粮需经徐州而转抵洛阳。隋代运河经唐代的进一步发掘，不仅成为对内漕粮运输和商品贸易的水上经济大动脉，也成为唐王朝对外交往的重要通道。隋唐大运河的开凿，为长江三角洲海港的发育成长提供了绝佳的条件，成为港口提升商品流通便捷性以及与中原内地交通往来的最佳方式。隋唐大运河开通以后，包括扬州港、真州港、楚州港、海州港、明州港等长三角的众多外向型港口成长起来。

这些外向型港口与内陆的联系，主要是通过大运河所联通的水道。其中，经徐州中转的水路负担了重要的商品与人员的集散功能。这条路线主要如下：从洛阳往东，经郑州到汴州东南，向徐州、泗州、楚州、扬州，过长江以后向浙江、福建延伸，然后入海。不少遣唐使就是通过这条水道进入黄河流域的政治中心。比如朝鲜半岛的新罗就大量派遣学生、僧侣、商人、农民等来唐学习。很多新罗人长期居住在中国，从山东半岛到江淮地区都留下了他们的足迹。当时，新罗人集中居住的社区叫作“新罗坊”。属于古徐州故地的涟水县、山阳县、东海县等地至今还有“新罗坊”遗址或遗迹。

当时，今徐州市辖区内也有不少内河港口。但因为河道变迁过大，曾经的港口情况也仅仅能从史料中进行推想。比如788年，唐朝廷委派张建封任徐州刺史。此后，张建封父子在徐州经营近二十年，将徐州建设为守卫漕运和屏障江淮的雄藩强镇。守卫漕运和屏障江淮，必定要有数座大型港口。又比如，唐代宗年间，为了保证漕粮运送的安全和快捷而实施了分段转运的方法。徐州成为分段联运的枢纽，有“积谷彭城”之誉。“积谷彭城”不仅需要大的粮仓，还需要装卸漕粮的码头，停泊漕船的港口。因此，当时徐州内河港口之繁盛自不用多言。

人工运河的开挖，引黄河水汇入泗水，对于徐州大地来说，其实是一把双刃剑。一方面，徐州成为大运河上的交通枢纽，产生了诸多港口，促进了地区经济的发展。但另一方面，也为徐州带来了黄河决口的危险，并使地形地貌发生重大改变。北宋时期著名文学家苏轼曾做过徐州知州。他刚上任，黄河就决口了。苏轼带领民众抗洪，修筑东南堤坝保全徐州。他还在当时徐州城东门挡水要冲处修建了两层黄色的高楼，取意“土实胜水”，以镇黄河之水。在当年的重阳节，苏轼还为黄楼的落成举行了庆祝典礼，并写下著名诗篇《九日黄楼作》。

在诗中，苏轼这样描述黄河决口的情形：“去年重阳不可说，南城夜半千沤发。水穿城下作雷鸣，泥满城头飞雨滑。”尽管洪水终于被制服了，但徐州的地貌依然被改变了：“朝来白露如细雨，南山不见千寻刹。楼前更作海茫茫，楼下空闻橹鸦轧。”

前述的下邳古港就毁于黄河决口。2017年，对下邳古城遗址的考古发现明清时期的下邳古城城址下压有魏晋时期、宋代的文化堆积。在其明清古城东侧又发现了东汉时期的下邳夯土城墙遗址。这说明下邳古城可能因为地处沂水和泗水交汇处而经常遭遇水患。最严重的一次发生在清代。1668年，山东莒县发生了大地震，下邳古城受到了严重破坏。20多年后，黄河决口，这次洪水直接对准下邳，其结果就是整个下邳城与港口都沉入了水底。

四

到了元代，隋唐大运河的部分河道湮塞，残留的运河相互之间已经失去了联系。忽必烈下令疏通、改建运河，最终形成了相互联通的七段运河干道。其中的中运河经过今邳州、骆马湖、宿迁市宿城区、泗阳县，到达淮安市淮阴区。这段运河将老沂河拦腰斩断，并在交汇处发展出一个重要港口——窑湾。

窑湾港所在地在唐代已经建镇，初名“隅头镇”。它位于今徐州市下辖的新沂市南，与邳州、睢宁、宿豫毗邻。“隅头”之名的来源，可能与近旁的隅头湖有关。隅头湖是地壳构造运动形成的构造湖，是后来骆马湖的雏形之一。隅头镇的规模一直不大。中运河开通以后，从南往北的漕船需要经过一段直河口（位于今骆马湖西岸的皂河集西）入黄河，这一段水道风涛凶险，经常发生事故，不利于夜间行船。窑湾港则位于这一段直河口之前。元代疏通大运河以后，河道在窑湾附近有了几道弯。弯曲的河道客观上减缓了水流速度。此外，这一段河道附近还有自然岛屿的遮挡，水面更趋平缓。因此窑湾附近的水面就成为天然的避风良港，有利于船舶的避风和停泊。南来的船舶大都会选择在窑湾港口停泊一夜，维修船舶和进行补给，经过充分准备和休息之后，才会再次起航，渡过直河口。窑湾港就此发展起来。

窑湾的得名，可能与此地陶窑、瓷窑集中有关。徐州地区有生产陶瓷的传统。比如，新沂市南18千米的马陵山区的花厅遗址曾出土过大量新石器时代的生活陶器，包括粗砂陶和细泥陶。粗砂陶器主要是炊煮器，细泥陶器主要是饮食器；又如，以徐州为中心的汉墓群出土了大量汉俑陶塑和画像砖雕，这些是徐州汉代陶瓷雕塑艺术的代表；隋唐时期，徐州窑生产的青瓷已经很有名[1]；到了宋代，徐州府萧县白土镇的萧水窑也成为当时的著名窑厂。根据这些历史，我们有理由相信窑湾一带曾分布着众多的窑厂。这些窑厂出产的陶瓷器皿，在隋唐宋元时期，曾顺着大运河所勾连起来的海上丝绸之路走出国门去。大量徐州瓷的输出，可能使窑湾成为当时有名的外销瓷产销港口。

可惜的是，清代康熙七年（1668年）郯城大地震使窑湾古

---

[1]　石云涛《中国陶瓷源流及域外传播》，第33页，商务印书馆，2015年。

镇下沉，内陷为湖泊，成为今骆马湖的一部分。后来，在大运河转弯的另一侧，新的窑湾镇又发展起来。因为长期作为船舶停靠的港口，所以即使在新窑湾，居民也保留了港口生活的习俗，比如“夜猫子集”。“夜猫子集”就是夜聚晨散的集市，这是为了适应船民夜泊晨航的生活习惯而发展起来的。船舶停靠窑湾港的时候，往往是在夜晚。船主转卖货品和采买生活用品都是在晚上，这样才不耽误第二天的行程。因此，窑湾的集市、店铺都习惯在夜晚营业。而周边的农民为了向船员出售农副产品，同样也是日落赶集，日出而归。

总的来说，在明清之前，徐州港口群在海上丝绸之路的发展中扮演了重要角色，起过重要作用，但这些都是以徐州港口群所在地的居民的生命和财产的损失，以及地方文化记忆的遗忘为代价的。记载徐州地区水患文献的很多，这里随手举两例，顺治本《徐州志》记录明天启四年（1624年）的水灾说：“天启四年六月二日，奎山决堤，是夜由东南水门陷城，顷刻丈余，官廨民舍尽没漂，百姓溺死无数，六七年城中皆水，渐次沙淤……”；清嘉靖三十一年（1552年）九月，黄河决口，徐州、邳州及其属县遭受水灾。这次水灾导致了严重的饥荒，到了第二年六月的时候，甚至出现了人吃人的惨况。这样的灾害不可谓不惨烈，频遭灾害的现实影响了徐州民众的生活方式，比如煎饼作为徐州地方特产，具有制作方法简便，易携带，能长久保存的特点，这种食品很可能就是在长期对抗灾难中发明出来的。因为水患频发，古徐州大地上曾经有过辉煌历史的古港，如下邳、窑湾等，不仅湮灭了形迹，也隐藏了记忆。在此次调研中，我们发现从地方文化工作者到普通民众，对于这些古港的历史都不很清楚，这说明关于古徐州港口群的文化记忆已经被遗忘。

历史上的灾害已经成为不可弥补的历史，但被遗忘的地方文化记忆则可以重拾。重构古代徐州港口群的形象，追寻徐州古代港口群的历史，就是重拾地方文化记忆的重要手段，也是进一步明确徐州港口群在古代丝绸之路发展史上作用的重要方法，更可以为当代地方文化建设提供历史的和理论的支持。本文只是初步调研之后的简单思考，古徐州港口群的各种问题还有待深入发掘与探讨。

源远流长的海州童谣

崔月明[1]

“小花鸡，跳磨台，哪天熬到小媳妇来。多吃多少及时饭，多穿多少可脚鞋。”“花喜鹊，尾巴长，娶了媳妇忘了娘……”这是过去海州一带大人小孩都会唱的童谣。海州是中华文明最早的发祥地之一，属于远古的东夷民族，境内桃花涧等地出土的古人类工具，被考古界认定为填补了我国东南沿海旧石器时代遗迹的空白。口头文学的产生自然早于文字，如此说来，这块沃土上至少在一万年以前，便已经有了原始的童谣。它们经过代代相传，犹如涓涓细流汇成江河，越来越成熟完善，越来越丰富多彩，在海一方相对的封闭环境使它们得以接近原汁原味地保留到今天。

[1]　崔月明，江苏省民间文艺家协会副主席，连云港市民间文艺家协会主席。

一、海州童谣产生的地理环境和历史渊源

海州位于我国东部沿海的脐部，东临大海，西接中原，北依齐鲁，南扼江淮。地处中纬度温暖带南缘，属湿润季风气候区，年平均气温14℃，无霜期长，雨量丰沛，光照充足，四季分明。境内河川纵横，山峦众多，自然资源比较丰富。蔷薇河、玉带河、烧香河、泊阳河、西盐河、甲子河等交错环绕，年可用水资源约三亿立方米。绵亘古城中部的锦屏山，东傍盐河，西靠蔷薇河，山体面积18平方千米，占地约两万亩。较著名的山峦有孔望山、白虎山、石棚山等，锦屏山主峰称马耳峰，海拔427.7米，为区内最高点。海州依山傍水，土地肥沃，良田果园点缀于青山绿水之间。

这块神奇的土地既是我国南北自然气候的分水岭，也是南北文化辐射的交汇处。千百年来文风蕴藉，其古老的文化渊源和特殊的地域位置，孕育了自己独特的并具有典型代表性的文化。世世代代在这块土地上繁衍生息的海州人，用自己的勤劳智慧和丰富感情，托物言志，借景抒情，创作了许多内容丰富、题材多样的童谣，尤其是近年来旅游业的兴起，从政府到民间正用各种形式展演这些民间口头文学的遗存。

二、海州童谣的文化空间

海州既是古代淮盐的集散地和商贾辐辏的贸易港口，也是南北文化辐射的交汇处，加上历史上中原和苏南多次大批民众

迁徙来此，诸多因素对海州地区的生产方式、经济规模、文化及至方言、民风习俗都产生了深刻的影响，这些是构成海州童谣口头文学文化空间的重要文化要素。

海州童谣，可吟、可哼、可诵，是海州民间口头文学百花园中的一朵奇葩，是我国民间文学宝库中一颗璀璨的明珠，有着广泛的群众基础，从中可以感知劳动人民非凡的文学才能。先人们创造的口头作品，从前只是在村野街巷口耳相传，不曾见诸方志。一些志书偶有记载，也是只鳞片爪，语焉不详，难见完整的风貌。后来曾有文人做些采撷，但为数寥寥，仅见寸草不见繁花。大量脍炙人口的优美童谣长期无人关注，任其流损乃至散失。中华人民共和国成立后，特别是十一届三中全会以来，在党的“双百”方针指引下，我市一些文艺工作者搜集、整理出一批民间文学瑰宝，《连云港民间文学集成》一书收录歌谣近300首，海州童谣约占三分之一，之后《中国民间文学集成·江苏卷》也收录了50多首海州童谣。2000年，我市民间文艺家崔月明、陈武着手搜集、整理和研究海州童谣，至2004年，从近千首童谣中遴选出240首由中国文联出版社出版。2010年，崔月明又选编了一本《海州童谣》，作为“连云港青少年成长丛书”之一，由凤凰传媒集团江苏文艺出版社出版。

三、海州童谣的基本内容

海州童谣作为民间口头相传的一种艺术形式，它的内容丰富，充满机智的哲理，形式诙谐、轻松，易于儿童理解，大多数是大人们针对儿童的理解能力、趣味爱好、心理特点，用通俗简洁、生动形象的语言编成的，少数则是孩子们在游戏过程中自己编创的。有的具有一定的教育意义，有助于孩子们增长知识，启迪智慧，培养良好的品德，陶冶高尚的情趣；有的童谣内容尽管没有什么教化作用，但音韵和谐，节奏感强，有助于协调游戏动作；有的以小动物的行为举止为题材，叙述生动，情趣盎然，满足儿童们的好奇心，增添生活的乐趣；还有些是故意用拗口的词语编成韵句，目的在于训练孩子们的正确发音和说话能力。

（一）摇篮曲

海州童谣中的谣又叫催眠曲，是大人唱给婴儿听的，是一种哄婴儿睡觉的歌。在海州民间，一般人家的母亲、祖母、外婆和保姆几乎都会吟唱几首。摇篮曲可以说是一个人来到这个世界上最早接受的歌声，它温柔甜美，充满疼爱之情。虽然婴儿躺在摇篮里根本听不懂歌词的意义，但它和谐的声调，温柔的情感，优美的旋律，可以唤醒婴儿的听觉和安慰幼小的心灵。如“小乖睡了，妈舂碓了；小乖醒了，妈烙饼了。”“树叶儿，啦啦啦，小乖乖睡觉找妈妈，乖乖你睡吧，小猫来了我打它。”

（二）数数歌

教幼儿数数，是大人们培养孩子学习识数、计算的重要方法。这类歌谣把枯燥、抽象的数字，同一定的情节和押韵的语句结合起来，吟唱顺口，易于熟记。如："一二三，三二二，二二三四五六七，七加八，八加七，还有十九加十一。""打一打二打三四，打黄狗念钢字，打五六，打七八，不多不少十六下。""一条河上九个湾，九个湾里九棵树，九棵树上九个喜鹊窝，九个喜鹊窝里九个喜鹊蛋，九个喜鹊蛋上九个喜鹊斑。""一盘玫瑰两朵花，三个小孩都要它，四丫家有五个娃，拿了六块七棱砖，跑到八仙庙，惊飞庙里九棵树上十只大老鸦。"这些童谣把抽象、枯燥的数字巧妙地跟情节与音韵联系起来，读来顺口，便于背诵。

（三）颠倒歌

又称古怪歌、稀奇歌、扯谎歌。这种歌谣把自然界或人类社会不可能有的事物故意加以颠倒性的排列组合，产生一种十分滑稽的效果，是一种逗乐性、玩笑性的儿歌，吟诵出来，必然引得在场的孩子们哈哈大笑。如："说我诌我就诌，东西街南北头，搬来口袋驮驴走，顶头撞见人咬狗，拾起狗来砸砖头，狗被砖头咬一口。说我空我就空，鼻子朝南脸朝东，骑着大刀扛着马，马头朝南往北冲，高楼冲到马身上，人能腾空马驾云……""反唱歌，倒起头，爷七十，娘十六，哥哥十八我十九，记得外公娶外婆，我在轿边打灯笼。""稀奇稀奇真稀奇，麻雀踩死老母鸡，蚂蚁身长七丈五，八十老头摇篮坐。"这种童谣流行很广，听起来比较古怪、奇特、滑稽，甚至可笑，仔细去想一想，琢磨琢磨，却又包含着一种深刻的意蕴。

（四）游戏歌

儿童喜欢玩乐，他们在跳绳、跳房子、攻城、拍皮球等游戏过程中，往往边玩边唱，大大增添了游戏的趣味性。“小乖小乖别淘气，妈妈带你去看戏。什么戏？游戏。什么游？豆油。什么豆？豌豆。什么豌？台湾。什么台？抱你小乖上锅台。”“一二三四五，山上有老虎；老虎不吃人，山上有巧人，巧人不说话，山上有电话；电话打不通；山上有鸡公；鸡公不下蛋，山上有鸭蛋，鸭蛋不好吃，山上有扁竹……”“什么尖尖尖上天？什么尖尖在水边？什么尖尖街上卖？什么尖尖姑娘前……”（这里的“尖”，也可换成“圆”）游戏歌是倍受儿童喜欢的一种童谣。在儿童生活中，游戏占有重要的位置。游戏歌是伴随着游戏动作而唱的，如“抓麻和”，又叫“掀蛋子”，是女孩子们常玩的一种游戏，一边玩，一边唱：“撒拉香，溜溜林，溜溜大姐上南城，头层子，对头。撒拉二，二二，过二，过南京说话……”这个童谣在海州一带有多种唱法，词也差别有异，但曲调没有多大变化。还有《卖锁》《抱小狗》《踢脚斑》等游戏歌。

（五）谜语歌

这类歌与“问答歌”有所不同，是通过形象的比喻性韵句设问，并不回答，而是激发孩子们的联想能力，让他们来猜，以启迪智慧，增长知识。谜谣是谜语和童谣相结合的产物，这种童谣能够增长儿童学习知识的兴趣，并能积极有效地开发他们的智力。“一家兄弟俩，个子一样高，一天三顿饭，光吃不上膘。”（筷子）；“兄弟七八个，围着柱子坐。一旦分了家，衣服都撕破。”（大蒜）；“家后一棵柴，弯弯扭扭长起来，开红花，结烤牌。”（扁豆）；“一棵小树没多高，小孩爬在半当腰，怀中藏着小宝宝，头上戴着红缨帽。”（玉米）；“麻屋子，红帐子，里面住着白胖子。”（花生）；这类童谣有助于锻炼儿童智力和增长儿童知识，又便于记忆和说唱，因而深受儿童欢迎。

（六）绕口令

又叫拗口令、急口令。这也是具有游戏性质的一种儿歌。它的特点是故意把声、韵、调相同或相近、说起来特别拗口的字、词组成句子，让儿童快速吟诵，目的在于纠正孩子们发音的错误，训练清晰的口齿，提高语言表达能力。如“坡上立着一只鹅，坡下就是一条河。宽宽的河，肥肥的鹅，鹅要过河，河要渡鹅。不知是鹅过河，还是河渡鹅？”“石狮寺前有四十四个石狮子，寺前树上结了四十四个涩柿子，四十四个石狮子不吃四十四个涩柿子，四十四个涩柿子倒吃四十四个石狮子。”

四、海州童谣的基本特征

（一）流传较广

自古以来，海州童谣已从海州旧辖区海、赣、沭、灌为中心外延，直到徐、淮、盐相邻地区。经《中国民间文学集成》和《民间文学》等书刊传播已走向海内外。

（二）内容丰富

大致可分为摇篮曲（催眠曲）、数数歌、问答歌、游戏歌、连锁调、绕口令、颠倒歌、时序歌、喜话歌等等。有的有明显的教诲意义，对儿童能够起到增长知识、启发智慧、开拓想象、培养品德、陶冶情趣等作用，也有不少伴随游戏乘兴而作的，含意不多，重在音节和谐，起到统一游戏、步调一致的作用。

（三）特色鲜明

海州童谣来自社会生活的底层，较全面地反映了当地的风俗人情，地域性相当突出。在传播过程中又不断地创新、丰富，最终形成了独特的地方色彩，每一首童谣都体现了十足的海州乡土韵味。

（四）手法多样

常见的表现手法有拟人、反重、重叠、对答、排叙、比喻、夸张、联想等。一般比较短小、易念、易记、易教、易传。

五、海州童谣的主要价值

1.海州童谣是我国民间文学宝库中的一颗璀璨明珠，它就像一串珍珠项链，首首精彩，各具闪光点，又相映生辉。它是人民群众创造的最古老的文化，它的根源可以追溯到人类发展的初始阶段，具有极强的生命力，是存在于人民群众日常生活中的活化石。

2.海州童谣脍炙人口、天然去雕饰，以兴味无穷、生动活泼的语言，节奏明快、音韵优美的形式，丰富多彩、情真意切的内容，深深地扎根于人民大众之中，是人类精神文化的宝贵遗产。

3.海州童谣包含了海州地区古往今来相当多的社会生活内容，具有一定的现实性，尤其用的都是海州土话，保存了大量的方言土语，是研究当地社会民情、市井风俗、语言演变的重要资料。

4.海州童谣来自海州人民生活的底层，是比较接近生活中自然形态的艺术品，其中许多作品达到了思想性和艺术性的高度和谐和完美结合。它那鲜明的地方特色、典型的表达形式、独特的语言风格、诙谐的表现手法有着很高的审美价值。

5.海州童谣从产生、流传、演进并不断丰富的过程，可以看出劳动人民口头文学创作的伟大。这些美丽的歌谣，融知识性、趣味性、可读性为一体的创作，是对我国民间文学发展的一个重大贡献。

6.海州童谣较全面地反映了海州地方风俗民情，是发展海州旅游的一个重要资源，它既有传播历史文化知识的作用，又有潜移默化的教育作用。

7.发掘、抢救、保护“海州童谣口头遗产及文化空间”，对保存祖国优秀的口头文化遗产和健康有益的民风民俗，将产生积极的推动作用，为丰富人民群众的文化生活，提高人民群众的素质，构建社会主义和谐社会，都将产生重要的促进作用。

努力增强品牌魅力

——提升徐州汉画像石艺术馆的旅游品质

唐小惠[1]

徐州汉画像石艺术馆是二级博物馆、4A景区，其旅游品质由涉及博物馆与旅游业的法律法规、部门规章、地方法规和行业标准所规定；其品牌魅力来源于公众心智中形成的关于徐州汉画像石整体印象以及徐州汉画像石艺术馆为代表的汉画收藏展览单位的认知程度。徐州汉画像石艺术馆职能是对汉画像石进行征集保护、科学研究、陈列展览和宣传教育。其中征集保护和科学研究是前提，与旅游有间接关系；陈列展览和宣传教育是要求，与旅游有直接的关系，决定了徐州汉画像石艺术馆旅游六要素中的游、购、娱，有的涉及旅游中的吃与行。品质，通常指物品的特征、品性、本质，也可指商品或服务的水平。影响品质的要素包括：物品的可靠性、安全性，完备性、

[1]　唐小惠，徐州汉画像石艺术馆办公室主任。

舒适性与能否满足需求等。

汉画像石是中华民族的文化瑰宝，是中国古典艺术发展的高峰，在中国艺术史上有着承前启后的重要地位，对汉代以后的艺术也产生了深远的影响；它通过一幅幅生动的画面形象地再现了汉代政治、经济、军事、文化与社会生活等各个方面，它是两汉文化乃至中华文明最生动的图像见证，可谓之“绣像汉代史”“石上史诗”。一般来说，徐州汉画像石艺术馆的旅游品质是指为游客提供完备舒适的汉画像石陈列展览，满足游客对汉画像石艺术欣赏需求的、可靠安全的、适宜休闲的品质。徐州是汉画像石的集中出土地之一，徐州汉画像石艺术馆有汉画像石1575块，其中一级文物16块，二级文物22块，三级文物120块，数量全国第二，品质一流；北馆1989年建成开放，占地面积10000平方米，建筑面积2400平方米，展览面积1960平方米，展出汉画像石165块；南馆2007年建成开放，占地面积10000平方米，建筑面积5400平方米，展览面积4124平方米，展出汉画像石402块。这一切打下了徐州汉画像石艺术馆旅游品质的基础，为提升徐州汉画像石艺术馆的旅游品质，增强品牌魅力提供了可能，为此徐州汉画像石艺术馆做了大量工作，社会也给予了有力的支持。

一、全年310天开放，增加旅游品质的可靠性

2008年全国各级文化文物部门归口管理的公共博物馆、纪念馆，全国爱国主义教育示范基地全部免费开放。徐州汉画像石艺术馆在经费不足的情况下，确保全年310天开放，节假日调

整提前预告，让游客来了就能看；有关部门的减免票规定一律执行，又自定了一些减免规定。

二、植树造林，叠石造景，增加外在旅游品质

徐州汉画像石艺术馆位于风景秀丽的云龙湖畔，这是当年苏东坡畅游之地，并留下“云龙山下试春衣，放鹤亭前送夕晖，一色杏花三十里，新郎君去马如飞”（《题云龙山放鹤亭》）的优美诗句。徐州汉画像石艺术馆连续两年植树近千棵，其中杏树近100棵，将苏轼笔下“一色杏花红十里，状元归来马蹄急”的景观徐州汉画像石艺术馆段恢复起来；参考徐州汉画像石中的植物种类，制定绿化方案，尽量选择徐州汉画中的相关树种，选择徐州地方树种。停车服务是景点旅游品质的重要指标，徐州汉画像石艺术馆由清华大学设计，规划中的停车场成为建筑垃圾掩埋场，2012年清除200多吨垃圾，叠石150多吨，建停车场一个，并形成了新的山景，山上植树200余棵。

三、整治馆容馆貌，增加外在旅游品质

修复大门厦檐、参观区域空中线路入地，整治学术报告厅东门环境，整治南院环境并进行绿化，整治玻璃长廊东侧景观，植树200余棵；完善设施设备，添加导引指示牌，更新消防设备和技防设备，修复上下水管线；整理散存汉画像石，将散放各处的30余块汉画像石制作资料入库。让人们赏心悦目、心

情愉快的游山玩水参观。

四、进行陈列提升工程，做好陈列展览，提升旅游品质，增强品牌内在魅力

2012年修复提升北馆陈列，整治北馆环境。2014年完成徐州汉画像石艺术馆陈列改造方案，完善陈列大纲，上报有关部门；2015年5月完成南馆陈列提升工程，至此徐州汉画像石艺术馆陈列面貌焕然一新。2012年分别在重庆三峡博物馆、贵州民族博物馆、徐州艺术馆、徐州工程学院举办了四个展览，2013年还在武汉大禹博物馆举办《石上史诗——徐州汉画像石艺术展》。2014年在广东省博物馆举办《中国汉画艺术大展》。2014年、2017年两次举办“江苏省馆藏文物巡回展之《大汉王朝——中国汉画艺术展》”。2017年5月——2017年8月在广州艺术博物院举办《石上画卷——中国汉画艺术展》

五、加强征集、研究，增强旅游品质的潜在魅力

2012年以来征集汉画像石167块，完整石椁一套，外地汉画像石拓片25幅，相关文物三件；撰写论文20篇、出版专著四部。目前汉画像石收藏量全国第二、品质一流，科学研究名列前茅。

六、保持优质旅游商品，让游客带走品牌魅力

抓好文创，让文物活起来是当前博物馆的重要工作。为

此徐州汉画像石艺术馆做到主打商品汉画像石拓片质量全国一流，礼品书、徐州汉画像石光盘广受欢迎，汉画石商品不断推出，高中低端皆有。既让游客愉快带走汉画像石纪念品，又促进了文化产业的发展。

七、高起点，大格局，宣传汉画品牌魅力

2012年中央电视台、安徽电视总台、香港凤凰卫视、美国地理杂志分别来徐州汉画像石艺术馆拍摄播出；2014年主动联系中央有关媒体拍摄六辑专题节目《我从汉朝来》，2015年制作完毕播出。网站微信平台及时更新，《汉画大讲堂》六年从没有间断，外展也扩大了影响，这一切都大大增强了徐州汉画像石的品牌魅力。

汉画像石潜力巨大，涉及目前全部13个学科门类，是历史、艺术研究的重要内容，是徐州旅游的拳头产品，是徐州文化强市的抓手，其价值潜力堪比敦煌。作为博物馆，徐州汉画像石艺术馆是非营利的永久性机构，它向公众提供的是公共产品而与一般公共产品不同的是，它不仅有博物馆的属性，又具有旅游属性，品牌实质在品质，提升旅游品质无止境。它是徐州区域文化的组成部分，更关乎城市形象，因而努力提高消费者对徐州汉画像石艺术馆陈列展览及配套服务的认知程度，努力提升徐州汉画像石艺术馆的旅游品质、增强品牌魅力，意义重大。同时这是一个涉及面广、长期而又复杂的过程，有大量的工作要做，需要有关部门与徐州汉画像石艺术馆共同努力。

徐州两汉文化研究的回顾与思考

梁　勇[1]

改革开放以来，徐州两汉文化资源的探源、发现、保护和开发、利用取得了令人瞩目的成绩，两汉文化研究也取得了丰硕的成果，影响日益彰显，并逐步引起社会各界与全国各地的重视。但是，我们也应该清醒地看到，这些成绩和研究成果，对于历史赋予我们的责任与机遇来说是远远不够的。也就是说，潜力与现实之间仍有较大差距。为深入贯彻落实党的十七届六中全会精神，2011年12月28日，徐州市委市政府召开全市文化建设工作会议，下发了《中共徐州市委市政府关于贯彻落实党的十七届六中全会《决定》推进文化强市建设的意见》（以下简称《意见》）。《意见》提出六项文化强市建设的主要目标，其中之一是：到2015年，文化强市建设的主要目标是“文化品牌魅力彰显。历史文化名城整体风貌得到有效保护，

[1]　梁勇，徐州汉画像石馆原馆长、研究员。

城市文化特色更加鲜明，楚风汉韵、北雄南秀的文化特质彰显，两汉文化成为江苏代表性文化符号，形成与吴文化比翼齐飞的新格局。”《意见》提出建设“舞动汉风”文化品牌塑造工程，工程具体为“编制工作规划”“编创汉之赋系列文艺作品”“实施汉之源文化传承行动”“开展汉之韵城市形象推介活动”。现对有关徐州两汉文化研究的基本问题进行探讨，对徐州两汉文化研究的历史加以回顾，审视“舞动汉风”，考量“实施汉之源文化传承行动”，明确今后的努力方向，以期徐州两汉文化研究取得更大的成果，为徐州两个文明建设做出更大贡献。

一、什么是徐州市的“舞动汉风”

就词汇、短语而言，我们首先要看义项与语境。从语法结构上讲，“舞动汉风”是动宾短语中的简单短语，内部只有两个词，一种语法结构关系；由动词“舞动”与后面受“舞动”支配的“汉风”组合而成，受动词支配的成分是宾语。从字面上看“汉风”指汉代的风俗、汉代民歌、汉代的威风，这里的“汉风”则是徐州两汉文化及与当下徐州的关系；无论汉族、汉人的文化，还是整体的两汉文化都不是一个中等城市所能承担的。徐州市委市政府的“舞动汉风”可以定义为：徐州市委市政府为贯彻落实党的十七届六中全会《决定》，结合徐州实际，推进文化强市建设而提出的基本任务之一，包括“汉之赋”“汉之源”“汉之韵”三个部分。“为了实现这一目标，我市将在未来一段时期内，编创“汉之赋”系列文艺精品，实施“汉之源”文化传承行动，抓好“汉之韵”城市形象推介等。”原徐州市委书记曹新平在全市文化建设工作会议讲话中说，“徐州历史文化源远流长、底蕴深厚，尤以‘两汉’最具代表、最有特色。我们要打响‘舞动汉风’品牌，着力提升徐州文化影响力。通过发掘整理我市丰厚的汉文化资源，精心包装打造展示汉文化的文艺作品，广泛宣传推介汉文化独特魅力，形成‘汉风’与‘吴韵’比翼齐飞的新格局，让汉文化走出历史走出徐州、走向全国走向世界，成为最能代表徐州形象的城市名片。”无疑，徐州两汉文化已经成为徐州市委市政府推进文化强市建设的重要内容与抓手。《意见》提出六项文化强市建设的主要目标的时间节点是2015年，现在是2018年6月，已经到了回顾与思考的时间了；作者在1997年、1999年分别发表了关于“徐州两汉文化研究的现状与发展”的论文，距今也已近20年了，有必要重新审视徐州两汉文化的发展。

二、再论断代区域文化语境下的徐州两汉文化

毋庸置疑，这是一个断代区域文化问题。自古到今断代区域文化都是一个被广泛运用而又语义不清的问题，问题本身的复杂是一个方面，更主要的是大家在讨论断代区域文化时的语境与标准不同，从而导致各说各话的情况。“在人文学科与社会学科领域，任何研究课题的确立，都应考察问题的真假。”即便是真问题，也需要界定概念，讨论内涵与外延，制定标

准。关于徐州两汉文化，按照袁伟时先生对岭南文化的界定模式。可以从两个角度界定：一是按地域原则，即徐州地区两汉时期的文化，或两汉时期各种文化在徐州地区的状况。如果以此为主要原则，徐州两汉文化这个概念当然可以确定。人与文化是一体两面，文化素质有高低之分，文化内容千差万别，但人不可能与文化绝缘。自从徐州有人类活动开始，就有徐州的文化，只是不同时期内容不同而已。二是按形态原则，即中华文化系统中在两汉时期徐州地区形成的、有自己鲜明特点的亚文化形态。也就是特指两汉时期该地区居民特有的共同心理、意念、性格及其物化和行为化。亚文化是在主文化或综合文化的背景下，属于某一区域或某个集体所特有的观念、心理、生活方式及其物化，一种亚文化不仅包含着与主文化相通的价值与观念，也有属于自己的独特的价值与观念及物化景观，而这些价值观是散布在种种主导文化之间的。有学者把传世文献丰富、出土文物重要，接纳融汇各地域文化因子为汉代文化实体、儒学经学发达、黄老道家思想盛行等都作为徐州两汉文化“进一步发展为两汉文化的一个重要的亚文化区域”，即“断代亚区域文化”的证据，值得商榷。

大汉王朝的建立及汉初政治直接与徐州有关。它是刘邦的家乡和发迹地，刘邦集团的核心人物徐州人比例很大；徐州人对两汉政治、经济、军事、文化及思想等方面做出了很多贡献，刘邦家族自不待言，曹参是沛县人，他将任齐国丞相时按黄老学说制定的无为政治推行至全国，成效显著；汉初儒家学说重新抬头的带头人是刘邦及其弟刘交；佛教传入我国和道教的产生也都与徐州直接有关，统治者信奉佛教最早见于记载的是刘秀之子楚王刘英，五斗米教的首领是丰县人张道陵；刘交的玄孙刘向及刘向之子刘歆是西汉后期著名经学家、目录学家、文学家，刘向父子的文学、史学成就不及司马迁、班固，但对中国文化的贡献却大于司马迁、班固。以《史记》《汉书》《后汉书》《三国志》前四史为中心的徐州两汉文化传世文献相当丰富，两汉出土文物资料在全国地位重要，上述这些只能说明徐州的先贤们对两汉文化的贡献，在两汉文化中有较高的地位。这一切都是汉代主体文化的主要成分与构成，相对于两汉主体文化之外的，独特的价值与观念及物化景观、行为方式目前找不出来，不论大文化还是小文化。把它们说成是形态原则意义上的徐州两汉文化，无异于说中国两汉时期文化除徐州外没什么文化了。

周振鹤先生提出“一般而言，最能体现文化差异的是语言和宗教两项特征。语言的认同甚至于方言的认同往往就是文化的认同，而宗教的不同有时也就直接表明文化的差异。但在中国，情况稍有不同。”“在中国，风俗可与语言一道作为地域文化差异研究的两项重要标志。”“风俗的范围很大，举凡风气习尚、婚丧礼仪、迷信淫祀、民歌俗谚无不在其中”。“《汉书·地理志》的风俗实际上与今天小文化的范畴相去并不太远。”。袁伟时先生则认为：“文化有大传统、小传统。大传统主要体现在典籍上。比较高级的文化形态都有自己的大传统。”那么，徐州两汉时期有没有自己特色的大传统？宗教自不待言，中国人宗教观念淡薄，信仰与宗教分离，刘交的

《元王诗》，刘安的《淮南子》，刘向的《洪范五行传》《新序》《说苑》，张道陵的《太上三天正法经》《正一盟威妙经》，这些徐州人的著作都是典籍，不论其失传还是存世。问题是这些著作有哪些徐州特色，成为地方文化独具的特征，属于自己的独特的价值、风俗、观念及物化景观，这些很难做出肯定的回答。

依袁伟时的观点，小传统主要是民俗。上古时期，徐州地处中原文化、齐鲁文化、吴越文化、楚文化的交汇区；战国时是齐与关中两轴心联系的交通枢纽；两汉时期是中原与东南地区联系的交通枢纽；这种地理位置很难形成独立的有特色的民俗。从刘邦言楚语、唱楚歌、命戚夫人舞楚舞来看，徐州在秦汉之际民俗上属楚文化系统。综上所述，徐州两汉时期没有形成自己鲜明特色的亚文化形态，也就是没有形态原则意义上的徐州两汉文化。只有按地域原则意义上的徐州两汉文化，即徐州在两汉时期的文化。它包括徐州两汉时期的物质文化、精神文化及其与现实的关系；研究徐州两汉文化的基础理论有了这一明确界定，“真”研究课题便可以进一步设立。需要说明的是，历史认识有它的局限性，没有发现的东西不等于不存在，不典型不等于任何其他因素不存在。我们无法确知未来，形态原则意义上的徐州两汉文化的个别因素或许存在。因此，我们可以说一个整体研究课题目前尚不存在。从这种意义上说，用完整课题与个别因素分析替代“真假”课题的提法或许更为准确一些。

三、徐州两汉文化的基础与潜力

徐州两汉文化能否成为徐州推进文化强市建设的重要内容与抓手，还需要我们对徐州文化底蕴进行审视，进行比较。徐州历史悠久，文化底蕴深厚，彭祖文化、两汉文化、军事文化、漕运文化、东坡文化、山水文化、书画文化、道教文化、佛教文化有其特色。笔者在1997年就提出："作为一个行政区划的徐州，其两汉文化研究实际上就是一个区域断代文化研究问题。它与其他行政区的区域断代文化研究基本相同，又有自己的特点。笔者以为这个特点是：徐州在汉文化中的地位十分重要；两汉文物非常丰富，实用价值较高，保护责任重大。"或许表述可以商榷，但是这种状况现在没有变，以后也不会又太大的变化。

（一）两汉文化在徐州历史文化中底蕴最为深厚

彭祖文化、东坡文化是个人开创且以人命名的，就其内容、规模、存量与影响来讲，不仅难与徐州两汉文化比，比之于徐州两汉文化中的刘邦、萧何、曹参任何一人也不可同日而语；道教的产生和佛教传入我国也都与徐州直接有关，但古代其他时期也好（不包括汉代），现代也好，徐州的道教文化、佛教文化在全国都影响不大，她们的辉煌是徐州两汉时期，是徐州两汉文化的组成部分；军事文化和漕运文化地位重要，但由于长期工作不到位，遗留寥寥，研究不深，且内容单一，实用价值不高；山水文化命名都很勉强，徐州就没有全国意义上的名山大川，文化内涵也谈不上丰富。因此，只有徐州两汉文化底蕴深厚，初具规模，最具潜力。

（二）徐州历史文化中的两汉文化“最具代表、最有特色”

徐州两汉文化指两汉时期徐州人在社会发展过程中所创造的物质产品与精神产品的总和及其与现实的关系、研究的基础理论；外地人在徐州两汉时期社会发展过程中创造的物质产品与精神产品的总和及其与现实的关系。物质产品指徐州两汉遗迹、遗物的综合体。最具代表性的是徐州两汉文物，如汉墓、汉俑、汉玉、汉画像石及汉代封泥印章等特色明显，闻名全国。精神产品也可称作文化结晶，指徐州两汉时期的政治、经济、军事、文学、艺术、史学等的结晶，在当时是最高水平，汉代以后影响深远，现在也是中国传统文化的重要组成部分。

（三）徐州两汉文化与现实关系密切，功能性强

徐州两汉文化与现实的关系指徐州两汉文化与现实各种文化的相互关系及徐州两汉文化资源的保护与利用。前者是一种继承关系，当下很多优秀的传统文化源于徐州两汉文化，她完全可以成为徐州城市品牌文化，成为徐州乃至江苏的代表性符号。后者或可以称之为实用功能课题。有些学者认为，其列入徐州两汉文化研究范畴有些牵强，其实，任何研究都基于一定的现实需要。

（四）徐州两汉文物已经走向全国、走向世界

1988年以来，以两汉文物为主体的徐州文物已经在澳大利亚、奥地利、日本、意大利、比利时、英国等国家举办“中国徐州文物珍品展”“中国徐州汉代文物珍品展”“中国国宝展”“王的守护者——中国汉代陶俑艺术珍品展”等活动；2006年初在北京国家博物馆举办了“大汉楚王·徐州西汉楚王陵墓文物精品展”；2008年以来在江苏省举办《大风歌——两汉文明展》《徐州汉画像石艺术展》巡回展；2014年10月—2015年3月在法国里昂的法国国立吉美亚洲艺术博物馆主办《汉风——中国汉代文物展》；2016年4月至7月在西汉南越王博物馆主办《大汉楚王与南越王——江苏徐州汉代文物精品展》；2018年1月至3月在浙江嘉兴博物馆主办《大汉雄风——来自刘邦故乡的汉代文物精品展》。仅2017年徐州博物馆在美国主办、参办展览四个，参办在德国的展览一个，展览频率之高、规模之大、影响之广，为地市级城市翘楚，独占徐州文化营销之鳌头。展览多数出版了展览图册，对徐州两汉文化的宣传起到了很好的作用。

（五）以徐州两汉文化为主体的精品旅游线路基本形成

徐州汉文化旅游占旅游产品比重高、成效好。徐州公交系统已经形成以两汉文化景点为主的精品旅游线路。并根据游客的不同需要推出了两汉文化一日游、二日游、三日游，使游客在认识徐州两汉文化的同时，加深对当代徐州的了解和认识。

同时充分利用地域优势，积极开展跨地区旅游协作，与济南、泰安、曲阜等市联合推出了“一山一水两汉三孔”黄金旅游线路；与无锡等城市签订了旅游挂钩合作协议，依托徐州汉文化，有力地推动了全市旅游事业的蓬勃发展。

（六）徐州两汉文化研究基础良好，徐州两汉文化产业精品迭出

十几年来先后组织召开了五次两汉文化学术讨论会，结集出版《两汉文化研究》《汉文化论丛》《秦汉兵马俑比较研究》《徐州文物考古文集》等论文集七册，出版了《徐州北洞山西汉楚王墓》《徐州狮子山楚王陵》《徐州汉画像石》《徐州汉墓与汉代社会研究》《徐州汉画像石解读》《徐州汉画像石通论》《西汉楚王与楚王墓》《徐州汉墓》《汉风物语》等书籍。创作并推出不同门类的文艺作品，拍摄了电视连续剧《汉刘邦》《解忧公主》，制作了电视专题片《汉魂》《汉画像石》《汉风——石头上的史诗》，广播剧《琵琶魂》、柳琴戏《解忧公主》，大型音乐舞蹈诗乐舞剧《汉风乐舞》《汉风颂太平》和《汉典华章》，文艺精品迭出，汉文化特色突出。仿汉玉器、汉画系列工艺品已经成为徐州的主打礼品，具有汉代符号的木质、石质礼品种类繁多。

（七）高校汉文化研究机构相继建立

2007年6月徐州师范大学根据形势发展，结合已经形成的学科优势，成立实体性的研究机构——徐州师范大学汉文化研

究院。出版《汉代体育》及《汉画像之美——汉画像与中国传统审美观念研究》。2014年该院朱存明教授的“《汉学大系》编纂及海外传播研究”被列为国家社科基金重大招标课题，出版了《器物图像与汉代信仰》《汉画像中的胡人形象研究》和《徐州汉画像石通论》等著作。2014年，中国矿业大学“国际汉文化比较研究中心”建立，希望将中国矿业大学国际汉文化比较研究中心打造成为具有重要影响的汉文化研究基地。编辑出版“中国矿业大学国际汉文化比较研究丛书”第一辑《古代中国的节日：汉代的新年和其他年庆活动》、第二辑《国际汉文化研究文集》。

（八）徐州两汉文化元素已经在城市形象城市精神中体现

在有关徐州城市形象的传媒、新闻出版、市政建设中，甚至在企业的宣传册中都可以见到徐州两汉文化的元素。汉墓、汉俑、汉玉、汉画像石已经成为徐州传统文化的新品牌，徐州两汉文化的结晶与沉淀物，被选择、被继承、被发展。以爱国主义为核心的民族精神和以改革创新为核心的时代精神，“敢闯敢创，守诚守信，敬贤敬业，博学博爱”的江苏精神，“有情有义，诚实诚信，开明开放，创业创新”的徐州精神，在徐州两汉文化中都能找到精神源泉。徐州两汉文化不仅是徐州历史文化的代表与符号，也构成了江苏历史文化最绚丽的华章，已经成为江苏北部最杰出的代表，加之江苏南部的吴文化，便有了江苏历史文化“吴韵汉风”的提法，从而成为形象表达江苏历史文化的一种说法、一种符号。

四、二十年来徐州两汉文化研究的回顾与比较

1997年笔者曾在《淮海文汇》发表《徐州两汉文化研究的现状与发展》一文，对“徐州两汉文化研究的基本问题——即什么是徐州两汉文化、徐州两汉文化研究的现状、徐州两汉文化有哪些课题及其今后的努力方向加以探讨”。1999年笔者在《两汉文化研究》发表《徐州两汉文化研究的现状与发展（续）》，就徐州两汉文化研究中的部分子课题进行了探讨，如徐州大中型汉墓的保护技术研究、徐州两汉文化文物资源社会防范体系研究、徐州两汉文化文物资源国家利益的保护问题研究、西汉楚王陵园的调查发掘和研究。在徐州两汉文化研究的现状一节中笔者对徐州两汉文化研究的状况进行了粗略的盘点。二十年过去了，徐州两汉文化研究发生了一定的变化，主要是：研究队伍扩大，横向比较，成果显著，视角开阔；以徐州两汉文化研究为主的硕士点建立，研究生异军突起；徐州两汉文化在全国引起重视，研究成果丰富。但是问题也是明显的，特别是良好体制的建立，激励机制的形成，可持续发展规划，需要解决。

（一）研究队伍扩大

由于徐州两汉文化底蕴深厚、材料丰富，引起全国，特别是徐州地方的重视。我市两汉文化研究队伍由20年前的60人，增加了80人。分布情况依然可以分为高校、文博、社会其他系统三部分力量。但是人员素质发生了较大变化，博士由1人而成

8人、硕士由2人而成13人、学士由30人而成48人；正高职称由5人而成12人，副高职称由20人而成大致40人，中级职称由原20人而成28人。年龄结构较为理想，中青年研究者逐步成为主力军，学历层次，专业职称越来越高，总体力量较强，本土人才为主。主要团队有徐州博物馆、徐州汉画像石艺术馆、江苏师范大学历史文化与旅游学院、江苏师范大学汉文化研究院、江苏师范大学美术学院、汉文化景区及中国矿业大学等单位。徐州博物馆团队以整理研究徐州两汉文物资料为主，现有正高7人、副高16人、中级17人，博士、硕士、学士学位拥有者占五分之三；徐州汉画像石艺术馆以整理研究汉画像石资料及研究为主，现有正高1人、中级8人，学历结构、职称结构不及徐州博物馆；两馆业务人员以徐州两汉文化研究为主，因此相关成果也最多。特别需要注意的是两馆行政业务一肩挑人员研究成果突出，特别是二线人员。江苏师范大学历史文化与旅游学院历史悠久、基础雄厚，多年被大学排行榜评为“中国大学历史学50强”。学院下设历史系、旅游管理系和文化产业管理系，拥有中国古代史、中国近现代史、专门史、世界史、考古学五个硕士点和四个学术研究机构。早期秦汉史是其强项，但现在有关业务人员中年偏少，研究范围广，徐州两汉文化研究成果少，短时间在徐州两汉文化领域难有话语权；江苏师范大学汉文化研究院、汉文化景区专业人员相对更少，徐州两汉文化研究成果不及前两者。正如江苏师范大学汉文化研究院在网站上宣传的那样，我校的汉文化研究有三个方向成果突出，形成相对独立的研究方向：一是汉代历史与文化研究，二是汉文学艺术研究，三是汉代的美学与汉画像研究。可见其研究范围很广，地域特色不明显。值得注意的是，部分其他专业的研究人员由于看好徐州两汉文化而加入徐州两汉文化研究的队伍。中国矿业大学也希望利用区位优势建立国际汉文化比较研究中心，努力打造成为具有重要影响的汉文化研究基地。

（二）研究生异军突起

江苏师范大学部分院系与徐州博文机构合作建立硕士点，其中中国古代史、考古学、艺术学、美术学硕士点的众多研究生以汉文化为研究方向，以徐州两汉文化为课题，成果显著，异军突起，为徐州两汉文化研究做出了自己贡献，相信他们中的一部分将来会成长为徐州两汉文化研究的主力军，现在徐州两汉文化研究的佼佼者，有的就是当年的研究生。有关研究生的徐州两汉文化研究成果后面有专论，此不赘述。

（三）横向比较，成果显著

徐州两汉文化研究尽管潜力很大，有许多工作要做，但横向比较，成果显著。为撰写本文，笔者利用目前较为权威的学术网站——中国知网，对汉文化底蕴深厚、以汉文化为城市品牌之一的徐州、汉中、西安、洛阳进行了比较。2012年3月27日，2018年6月14日用主题词汇及作者单位进行搜索，在搜索时，只对前10万条记录进行了统计。

徐州、汉中、西安、洛阳当地汉文化成果比较表

城市名称	主题词	作者单位限制词	2012年3月27日记录数（条）	2018年6月14日记录数（条）
徐州	徐州+汉文化		155	217
	徐州+两汉文化		219	107
	汉文化	徐州	53	95
	两汉文化	徐州	48	50
	徐州汉文化	徐州	8	46
	徐州两汉文化	徐州	7	20
汉中	汉中+汉文化		49	41
	汉中+两汉文化		1	11
	汉文化	汉中	6	5
	两汉文化	汉中	0	0
	汉中汉文化	汉中	0	2
	汉中两汉文化	汉中	0	0
西安	西安+汉文化		37	102
	西安+两汉文化		10	2
	汉文化	西安	79	112
	两汉文化	西安	0	7
	西安汉文化	西安	0	2
	西安两汉文化	西安	0	0
洛阳	洛阳+汉文化		26	89
	洛阳+两汉文化		3	10
	汉文化	洛阳	17	12
	两汉文化	洛阳	0	1
	洛阳汉文化	洛阳	0	0
	洛阳两汉文化	洛阳	0	0

中国知网是全球领先的数字出版平台，由清华大学发起并直接领导，其数据库包含中国学术期刊网络出版总库、中国博士学位论文全文数据库、中国优秀硕士学位论文全文数据库、中国重要会议论文全文数据库、国际会议论文全文数据库和中

国重要报纸全文数据库等。以徐州+汉文化、徐州+两汉文化为主题词，2012年3月27日搜索中国知网分别有155、219条记录；2018年6月14日记录数分别为217、107条。2012年3月27日以两汉文化为主题词搜索中国知网，作者单位限制词为徐州的有48条记录；2018年6月14日记录数为50条。2012年3月27日以汉文化为主题词，作者单位限制词为徐州的有53条记录，2018年6月14日记录数为95条，其他城市远不及徐州。这里有几点需要注意：中国知网目前词汇组合是机械的，如论文题目《英汉文化差异与习语翻译》《英汉文化差异对习语翻译的影响》因为有个“汉文化”也被收集在内，有些论文集没有收集在内，不包含专著，而西安、洛阳有关本地汉文化研究的专著出版要比徐州多。中国知网反映的只是一个方面。徐州西汉有楚王墓、东汉有汉画像石墓，特色明显；徐州汉文化、徐州两汉文化概念提出较早，最主要的原因还是文化底蕴深厚，研究较为深入，因此才出现中国知网收录汉文化研究论文徐州多于西安、洛阳、汉中的情况。在徐州“汉文化”的提法在稳步增加，“两汉文化”的提法在式微，徐州作者的宏观两汉文化研究论文产量增加，也说明徐州籍作者群人数的增多。

五、20年来徐州两汉文化研究综述

“高校系统学者以两汉历史文献为主要研究对象；文博系统学者以两汉物质文化为主要研究对象，重点是对徐州两汉文物资料的整理；社会其他系统的学者研究范围较广，其中有一部分学者是研究如何保护与开发汉文化资源。但真正以徐州两汉文化为主要研究对象的为数不多，形成了这样一种局面：汉文化研究人多力量强，但徐州两汉文化的研究处于一种随意性很大的状态；不能形成合力，生产不出在全国有影响的学术成果；也不能为有关领导部门决策起到应有的参谋作用。”二十年前的状况没有改变。

1995年10月徐州市召开第一届两汉文化学术讨论会，在会议论文基础上，1996年12月出版《两汉文化研究》，收录论文44篇，内容包括徐州两汉时期物质产品、精神产品及其与现实的关系；1997年12月徐州市召开第二届两汉文化学术讨论会，1999年2月出版《两汉文化研究》（第2辑），收录论文46篇，内容包括徐州两汉时期物质产品、精神产品及其与现实的关系，重点在徐州汉代墓葬方面的研究；2000年徐州市召开第三届两汉文化学术讨论会，2004年1月出版《两汉文化研究》（第3辑），收录论文36篇，内容与前两辑相近。2000年11月中国古都学会、徐州古都学会在徐州召开2000年度学术年会暨徐州文化资源开发研讨会，2001年8月出版《中国古都研究（十七）》，收录论文58篇，内容包括古都与历史文化名城徐州、中国古都学理论、古都保护建设以及历史文化名城研究，其中徐州两汉文化研究是其重点之一。2001年8月秦始皇兵马俑博物馆、徐州师范大学历史系、徐州狮子山楚王陵管理处联合发起并组织的“秦汉兵马俑比较暨两汉文化研讨会”在徐州师范大学召开，2002年4月出版《秦汉文化比较研究》，收录论文50篇，内容包括秦汉政治制度、秦汉文化、秦汉军事制度、秦汉丧葬制度，徐州两汉文化是重点之一。2011年4月，徐州博物馆编著《徐州文物考古集（一）》面世，文集收录了有关徐州西汉楚王陵墓研究的代表性论文，涉及徐州狮子山、驮篮山、北洞山、龟山、东洞山、南洞山和卧牛山等八处楚王（后）陵墓，内容包括综合研究、墓葬结构、墓主人及出土器物研究等部分。另外还有江苏省人民政府台湾事务办公室和徐州市人民政府主办的第二届海峡两岸楚汉文化研讨会及论文集等，这里不一一列举。

江苏师范大学历史与旅游学院王健在《徐州师范大学学报（哲学社会科学版）》2002年第3期发表《区域文化研究的理论与实践论略——“汉代徐州区域文化研究”课题的方法论思考》，较为系统地提出区域文化研究的理论、方法、目标及重要意义，并以汉代徐州区域文化专题研究为例进行说明，可惜在有关汉文化与其亚文化（全国与徐州）的认定上有些误区，值得商榷。2007年6月徐州教育学院美术系姚君洲在《徐州教育学院学报》发表《从品牌传播看徐州两汉文化品牌推广》，提出要多角度认识品牌传播，对徐州两汉文化品牌推广有着重要的借鉴意义。2008年王欣在第5期《江苏商论》发表《试论体验经济时代历史文化旅游产品的开发——以徐州两汉文化旅游产品为例》，以徐州两汉文化旅游产品的体验化开发为例，针对历史文化旅游产品存在开发肤浅、体验类型单一的现状，提出了体验化开发的目标、原则和具体措施。2000年11月徐州市人民政府研究室综合处王培元在第十七辑《中国古都研究》上发表了《徐州两汉文化的开发保护和利用》，提出一些徐州两汉文化开发保护和利用的设想。徐州高级中学王庆雨在《淮海文汇》2009年第3期发表《关于立足徐州研究、宣传两汉文化的思考》，从党的十七大报告高度概括了文化在中国当代社会发展进程中所应承担的历史责任，从文化强市的要求谈徐州两汉文化研究宣传的作用与意义。2009年10月中国矿业大学应用技术学院李芳菲在《企业导报》发表《徐州汉文化国际旅游节发展研究》，在介绍“徐州汉文化国际旅游节”发展优势的基础上，分析了该旅游节发展过程中出现的问题，并根据实际情况提出了若干对策。2010年4月徐州工程学院艺术学院姚君洲、崔浩在《美术大观》发表《徐州两汉文化在现代视觉传达设计中的应用性研究》，就认识徐州两汉艺术与现代艺术设计的关系提出自己的见解，认为简单地挪用西方现代艺术形式，将使我们的艺术丧失民族的个性。2002年4月南京大学周学鹰在《同济大学学报（社会科学版）》发表《徐州市域的“两汉建筑文化”》，论述了徐州市域最具特色的传统文化－“两汉文化”的演变，研究进行徐州市域“汉风建筑”设计的有关原则。2008年12月徐州工程学院艺术学院姚君洲在《美术大观》发表《徐州两汉文化的传承及其视觉传达设计延伸性研究》，从徐州两汉文化的历史发展状况出发，提出徐州两汉文化的传承及其视觉传达设计延伸性的方法步骤。2010年12月江苏师范大学美术学院兰芳在《艺术与设计（理论）》发表《论两汉文化影响下的徐州公共艺术设计》，通过分析两汉文化相关的徐州公共艺术建设现状，对两汉文化在徐州公共艺术创作中形式的运用进行深入的论证，立足本土，寻求与城市历史文化相适应的城市公共艺术形式。2010年12月中国矿业大学艺术与设计学院李爱真在《音乐探索》发表《从徐州汉画像看汉代音乐艺术形式》，从徐州出土两汉文化遗存反映的汉代民间音乐文化出发，呈现距离我们两千年以前的音乐艺术形式，如歌唱、器乐、舞蹈、百戏等，通过对具体汉画像的分析和研究，论述汉代这些主要的音乐艺术形式。2011年2月徐州师范大学美术学院兰芳在《艺术研究》发表《两汉文化与徐州公共艺术研究》，认为两汉文化环境下的徐州公共艺术，代表了艺术设计领域中两汉文化的研究成果。以徐州公共艺术在历史文化背景下的定位为视角，对两汉文化在徐州公共艺术创作中形式的运用进行深入的论证，确立徐州公共艺术布局和主题风格的定位，设计高水平的公共艺术作品，从而促进徐州汉文化品牌的推广与发展，为汉文化环境下当代公共艺术创作增加新的视角。

徐州汉楚王墓群是徐州两汉文化研究的重中之重，考量徐州汉代楚王墓的记载讨论过程，似可分成三个阶段。第一阶段从古代到1998年以前，可称之为资料记载，非系统论述阶段；这一阶段既有古代记载，也有今人发表的资料与讨论。讨论的特点以楚王陵墓为单位，史籍记载与公开发表的资料主要有：《后汉书·郡国志》《水经注》与历代府县志，《徐州石桥汉墓清理报告》《铜山龟山二号西汉崖洞墓》《〈铜山龟山二号西汉崖洞墓〉一文的重要补充》《江苏铜山县龟山二号西汉崖洞墓材料的再补充》《徐州胜迹》《徐州再次发现西汉楚王墓》《徐州狮子山西汉楚王陵发掘简报》《江苏徐州市狮子山西汉墓的发掘与收获》《徐州北洞山西汉墓发掘简报》。

第二阶段以1998年的第二届徐州两汉文化学术讨论会及其成果《两汉文化研究》（第二辑）（1999年）出版为标志，从此以后系统讨论西汉楚王墓群，特别是运用考古类型学方法研究所取得的成果比例较大，出现一系列研究成果。如梁勇、梁庆谊《西汉楚王墓的建筑结构及排列顺序》，周保平《徐州西汉楚王陵墓序列浅说》，孟强、钱国光《西汉早期楚王墓排序及墓主的初步研究》，耿建军《试析徐州西汉楚王墓出土官印及封泥的性质》，邹厚本《江苏考古五十年》，梁勇《从西汉楚王墓的建筑结构看楚王墓的排列顺序》，徐州博物馆、南京大学历史系《徐州北洞山西汉楚王墓》，刘照建《徐州地区大型崖洞墓初步研究》，周保平、刘照建《西汉楚王陵墓形制研究》，刘照建《西汉楚王陵墓制度研究》，刘尊志《徐州汉墓与汉代社会研究》。第三阶段以刘照建《徐州西汉前期楚王墓序列和墓主及相关问题》（《考古学报》2013年第2期）为标志。依刘照建先生的观点，除西卧牛楚王墓以外的八处楚王墓初步将其发展过程分为三个时期：第一期包括第一代至第三代楚王同姓王（共三代），对应墓葬分别为狮子山、北洞山和驮篮山三座楚王墓；第二期包括第四代至第八代楚王（共五代），墓葬分别为卧牛山、龟山、东洞山、南洞山四座楚王墓；第三期包括第九代至第十二代楚王（共四代），墓葬应为楚王山一、二、三、四号墓，形制特点为竖穴岩坑石室。刘先生论文有两大突出的地方：进一步确认了狮子山楚王墓、北洞山楚王墓、驮篮山楚王墓三座楚王墓分别是刘交墓、刘郢客与刘戊的墓葬。最具突破性的是刘照建对于楚王山汉墓群的观点，提出“第九代至第十二代楚王（即汉宣帝后裔楚王系统的楚孝王刘嚣、楚怀王刘文、楚思王刘衍、楚王刘纡），墓葬应为楚王山一、二、三、四号墓。”的观点。刘先生认为：徐州西汉一代基本未发现平地起坟的葬制，直到东汉时期，平地起坟才在徐州地区出现并流行，如睢宁双古堆汉墓、徐州土山汉墓、拉犁山汉墓等。依据徐州楚王山楚王墓中M3、M4平地起坟的构筑方式，与徐州东汉时期墓葬形制相同，说明该墓群时代偏晚。过去一般将楚王山M1和M2认定为楚元王及王后墓，M3、M4认为是陪葬墓，其实M3、M4虽然较M1、M2略小，但是如果放在西汉末期考察，M3、M4规模并不小，不能简单地以陪葬墓论之，俨然是楚王级别的大墓。这一成果几乎颠覆了以往历史文献、今人学术论文的认识。

除上述论文外，江苏师范大学学生的硕士论文也有部分以徐州两汉文化研究为课题的，约40篇，如2010届硕士毕业生周亮的《徐州地区出土的汉代青铜器研究》，严烨的《徐州汉代铭文研究》，2013届刘文思的《徐州汉画像石墓的类型学研究》等。外地研究生在徐州两汉文化研究也写了许多论文，为节省版面，现列表如下：

博士硕士有关徐州汉文化论文表

序号	论文名称	姓名	硕士博士培养单位	完成时间
1	徐州出土汉代铜镜研究	乔菊影	中国艺术研究院	2011年硕士
2	徐州汉文化装饰艺术特征研究	郝囡	南京林业大学	2011年硕士
3	徐州地区汉画像石研究	赵斌	安徽大学	2011年硕士

续表

序号	论文名称	姓名	硕士博士培养单位	完成时间
4	徐州汉画像石之乐舞百戏图像研究	李莉	南京艺术学院	2010年硕士
5	汉代建筑文脉对徐州地区现代建筑创作发展的关系研究	董大鹏	合肥工业大学	2009年硕士
6	徐州两汉文化视觉设计元素初探	姚君洲	江南大学	2008年硕士
	徐州汉墓与汉代社会研究	刘尊志	郑州大学	2007博士
8	徐州汉代石刻画像造型的研究	李芬	苏州大学	2007年硕士
9	两汉徐州地方官吏统计与考察	冯乐辉	郑州大学	2007年硕士
10	徐州汉代楚王墓葬建筑设计艺术初探	陈志东	苏州大学	2006年硕士
11	徐州汉画像石装饰艺术研究	侯晓宇	苏州大学	2006年硕士
12	再生与重组（汉画像石成为构筑徐州城市公共空间元素的必然性和必要性）	胡彬	青岛大学	2006年硕士
13	论徐州汉画像的意象造型对现代壁画创作的启示	王瑞芹	南京艺术学院	2006年硕士
14	鲁南及徐州地区汉画像石的音乐考古研究	曲怡桦	中国艺术研究院	2005年硕士
15	徐州城市历史地理浅论	肖爱玲	陕西师范大学	2001年硕士
16	两汉墓葬出土陶俑的研究	赵耀双	吉林大学	2009-10-01
17	徐州汉画像石中的表演艺术研究	陆彬	福建师范大学	2009-04-02
18	汉代玉衣研究	王静	河北师范大学	2008-04-03硕士
19	徐州汉文化装饰艺术特征研究	郝囡	南京林业大学	2011-06-01硕士
20	汉画像石中的凤鸟图像研究	田丹	陕西师范大学	2009-05-01硕士
21	徐州汉画像石之乐舞百戏图像研究	李莉	南京艺术学院	2010-04-30硕士
22	两汉楚彭城国研究	毛丽丽	华中师范大学	2011-05-01硕士
23	豫鲁苏皖汉画像石雕刻技法初探	高博	郑州大学	2011-03-01硕士

续表

序号	论文名称	姓名	硕士博士培养单位	完成时间
24	汉代苏北经济研究	刘雷	扬州大学	2011-04-01硕士
25	徐州汉画像石祠艺术研究	侯茹	南京艺术学院	2013-06-30硕士
26	鲁南苏皖地区汉代木椁墓研究	姚文娟	吉林大学	2014-04-01硕士
27	徐州汉文化艺术馆改造设计研究	杨超	北方工业大学	2014-06-30硕士
28	徐州汉墓出土的陶俑研究	徐紫玲	云南大学	2015-03-01硕士
29	从考古资料看汉代泗水流域的农业	刘秋晨	江苏师范大学	2013-06-01硕士
30	徐州汉画像石之武术活动的研究	王琼	江苏师范大学	2013-06-01硕士
31	苏北鲁南地区东汉羽人图像类型研究	尹艳	华东师范大学	2014-05-01硕士
32	徐州汉画像艺术融入学校美术教育新探	申茹	江苏师范大学	2014-03-01硕士
33	徐州出土汉印艺术研究	曹琳	河南大学	2015-05-01硕士
34	徐州汉画像石乐舞图像的图像学研究	梁爽	中国矿业大学	2015-05-01硕士
35	徐州汉代刻石文字书法综述	刘丛	中国美术学院	2015-05-01硕士
36	徐州汉画像石资源融入当地初中美术教学的研究	王祖玲	鲁东大学	2016-06-01硕士
37	徐州地区西汉中小型墓葬随葬陶器初步探析	孔凡一	兰州大学	2016-05-01硕士
38	徐州铜山县苗山汉墓画像石横吹乐器考	张迪	陕西师范大学	2016-06-01硕士
39	徐州汉代诸侯王陵墓的保护与利用	姚昕孜	南京师范大学	2016-03-10硕士
40	江苏汉代诸侯国文化特色研究	张艳秋	江苏师范大学	2017-05-01硕士
41	徐州地区汉画像石墓柱分类研究	陈素婷	江苏师范大学	2017-06-01硕士
42	徐州汉墓形制与装饰画像变迁研究	吴恒	江南大学	2017-06-01硕士
43	淮泗画像石	王磊	中央美术学院	2017-06-01博士

六、徐州两汉文化研究的工作思考

汉代考古属于历史考古，徐州有大量的汉代物质遗产与文献记载，进行徐州两汉文化研究首先要处理好徐州两汉文化与当下徐州的关系。

（一）首先要提高对徐州两汉文化资源的保护意识

本文“徐州两汉文化研究的基础与潜力”一节对其“最具代表、最有特色”已经详细论述，关键是这一认识应该成为各个职能部门及全市人民的行动。盘点一下近期市委市政府及职能部门文件便不难发现：利用偏多，保护不够。《意见》本身对徐州两汉文化资源保护提及比例也很少。在《中华人民共和国文物保护法》第四条规定“文物工作贯彻保护为主、抢救第一、合理利用、加强管理的方针。”徐州汉代物质文化遗产保护，乃至整个文物保护体系目前的诸多问题，都可以归结于目标的扭曲，方针的不落实。

（二）要减少对徐州两汉文化资源的破坏，加强徐州文物社会防范体系建设，打击文物犯罪

2011年被江苏省公布为大遗址的汉楚王墓群，近些年接连被盗，下邳王墓去年惨遭盗掘，中小型汉墓被盗无数，基本建设与文物保护的矛盾尖锐，这种状况目前没有根本改变的迹象。要减少自然对徐州汉代物质文化遗产的破坏。由于投入不足，监管不力，全国重点文物保护单位驮篮山楚王墓、拉犁山

汉墓等自然破坏严重，已经开发开放的汉代文物保护单位也疏于保护，造成一定的自然损毁。

（三）要加快对徐州两汉文化资料的整理

徐州已经发现发掘九处19座西汉楚王墓、近三千座中小型汉墓，然而正式报告发表比例偏少。汉代文献资料中有大量徐州两汉文化的记载，至今无人系统整理。要揭示徐州两汉文化当代价值，提炼归纳对当今社会核心价值观构建的意义，整理提炼工作大有可为。

（四）对徐州两汉文化进行学术梳理

由于大汉王朝的建立及汉初政治直接与徐州有关，徐州两汉物质文化资源丰富，自古及今徐州两汉文化记录与研究的资料丰富。在加快资料整理，深入研究的同时，也要进行学术梳理，以去伪存真，去粗取精。以徐州汉画像石资料为例，要重写汉画像石墓发掘报告，重新出版徐州汉画像石图录，对现有图录进行梳理，对已发表的研究文章进行学术评价。

最近孙机先生发表了《<汉画解读>中收录的拓片是否可信》文章，对冯其庸题评、刘辉解读的《汉画解读》一书中收录的一百幅汉画拓片，用举证的方式进行了分析解读。如早期造纸工艺流程和设备，套用了潘吉星先生研究造纸论文中的插图；收录了从未见过的“铸钱图”；不近情理的车马结构；汉代的兵器，特别是刀的形制特征、弓箭的使用方法；汉代人日常生活中的跪和坐的姿态；酒具的组合和使用情况；汉代的服饰特征和着装打扮以及纪年法和干支记日等，都进行了细致的分析，证明这些拓片为伪造，以提醒读者，不要被蒙蔽。

其实，这批汉画像石的制造者、购买者、出书人都在徐州市中心30千米范围以内。书籍出版不久我市有关专家就发现问题，并通知相关人员，有碍于冯其庸先生及中国汉画像石学会主要领导人员的面子，事件没有发酵，博物馆商店也停止销售该书。问题在于2006年发现问题至今，该书没有停止销售，其流弊之广、时间之长超出一般人想象。类同情况不在少数，资料来源语焉不详的书籍徐州本土就出版过四五本。由于一些收藏单位征集汉画像石比例较大，其出土地点有许多搞不清楚，鉴于某些原因甚至故意隐瞒出土地点，并发表于权威期刊，这一问题在民营博物馆出版图录尤为突出，出版社当应该注意，作者也应引以为戒。

（五）要加强与其他学科联合，开展对徐州两汉文化的科学研究

近年来，新的科学技术在文物考古、博物馆与遗产保护等领域的运用越来越广阔，但在徐州两汉文化研究领域，许多还是空白，高层次人才缺乏、投入不足、意识不强是重要原因。考古学与遗产保护是涉及面极广的学科，与许多学科都有关系，要得到这些学科的支持和协助，才能完成各项研究任务。特别是自然科学、工程技术科学和人文社会科学等三个领域。在自然科学方面，自然地理学、地质学、气象学和生态学等学科，主要是协助复原当时的自然环境。生物学和体质人类学，

主要是用以鉴定发掘出土的植物遗存、动物和人类的骨骸，并判定它们的年代。物理学和化学则应用于遗迹勘探，对遗物成分和性质分析，修复文物并测定年代。在工程技术科学方面，建筑学和土木工程学应用于遗址的发掘、测量、制图，对发掘出来的遗迹进行复原或在现场加以保存等。采矿冶金学、陶瓷学和染织学应用于对工场址、矿址、窑址等遗迹的考察，对铜器、铁器、陶瓷器、玻璃器、纺织品等遗物的分析和研究。在人文社会科学方面，民族学、民俗学、语言学、人文地理学、社会学、宗教学、经济学、政治学和法学等，分别就遗迹和遗物所提供的有关各该学科的资料，进行研究和解释。显微技术显微设备已经非常普及，但是在徐州两汉文化研究方面运用有限。

七、徐州两汉文化研究的机制思考

徐州两汉文化是两汉时期徐州人在社会发展过程中所创造的物质产品与精神产品，外地人在徐州两汉时期社会发展过程中创造的物质产品与精神产品，内容丰富、博大精深、情况复杂、良莠不齐。如何使徐州两汉文化研究健康发展是我们必须思考的问题。

（一）必须厘清政治任务与学术研究的关系

《中共中央关于深化文化体制改革推动社会主义文化大发展大繁荣若干重大问题的决定》向全党布置了政治任务，无疑

《意见》也向全市布置了政治任务，其中“汉之源”是学术问题，徐州两汉文化研究是“汉之源”的主体与核心，这就形成了政治任务中的学术研究问题。学术研究是既有知识的整理，还是现实生活内在需要的诊断、探寻、塑造的前瞻性活动，是借助已有的理论、知识、经验对科学问题的假设、分析、探讨和推出结论，其结果应该是力求符合事物客观规律的，它肩负着为社会发展提供智力支持和持续的思想文化支撑，这是学术研究的价值所在，是其与现实生活、政治任务的内在联系，因为这种联系，形成了学术对现实生活、政治集团、个人利益的影响。同时《意见》是向全市布置的政治任务，引起了职能部门社团机构对徐州两汉文化研究的重视，社会各界的注意。对于全市整体而言，徐州两汉文化研究进入由自发到自觉的转变。重视固然是好，但必须厘清政治任务与学术研究的关系，各司其职，树立正确的政绩观；必须摆正位置，狠抓机遇，多出成果，出经得起历史检验的成果。

（二）要理顺政策与学术的关系

《中共中央关于深化文化体制改革推动社会主义文化大发展大繁荣若干重大问题的决定》要求“建立健全党委领导、政府管理、行业自律、社会监督、企事业单位依法运营的文化管理体制和富有活力的文化产品生产经营机制。”这里，党委政府不能包办、不能代替、不能亲自运营，尊重规律，尊重人才，只能领导、管理，调动各方面的积极因素；而学者应该明白“舞动汉风”只是抓手之一，形式上占七分之一，不是全部，不可唯我独尊，要独立思考，要讲真话，实事求是，出好点子，服务社会；就个体而言，要做到知之为知之，不知为不知，万不可不负责任，随意忽悠。要各司其职，尊重规律，量力而行，保护资源，持续发展。

（三）必须尊重学术研究的规律，既要继承，又要有批评精神

要创造良好的研究氛围，不设框框，不打棍子，百花齐放，百家争鸣。事物有真假、好坏、大小及标准，人文概念要界定，应考察问题的真假，即命题的真伪，成果的真伪，性价比；文物要鉴定，要辨识真伪，明确质地，判明年代，诠释用途，揭示蕴含，评估价值，评定等级。像任何科学研究一样，思想自由和学术独立是徐州两汉文化研究健康发展的保证。我们必须首先承认，学术在本质上必然是独立的、自由的。有关学者要勇于担当，敢说真话。学者的学术不是学者的外在包装，不能成为获取私利的手段；否则学者自我利益最大化，“学术”就成了没有立场和原则的工具，就会出现24亿元的假“金缕玉衣”、2.2亿元的天价假“汉代玉凳”。有关学者要认清自己的历史责任与使命，勇于担当，敢说真话。要坦荡做人，不为稻粱谋，要有舍我其谁的豪情与付出。

（四）加强项目论证，减少过程投入，经费用到刀刃上

针对体制机制中存在的问题，及时反思，修正改正；制定长远规划，分步实施。笔者参阅徐州市财政局网站得知，

2013年1月7日在徐州市第十五届人民代表大会第二次会议上市财政局《关于徐州市2012年财政预算执行情况和2013年财政预算草案的报告》显示："围绕文化强市建设，全市文化体育事业投入5.5亿元，增长24.9%。积极推动文化品牌战略实施，安排各类文化专项资金1.02亿元，用于支持公共文化事业发展。市财政安排宣传文化发展专项资金4000万元，支持《汉典华章》《彭城怀古》《刘邦大帝》等创作，打造'舞动汉风'品牌，深入实施文化建设'六大工程'。"2014年财政惠民政策汇总第十项"对重点文物和非物质文化遗产保护""安排专项资金5500万元，重点加大对省级及省级以上文物保护单位和重要市、县级文物保护单位的维修保护、重要考古项目的考古调查、资料整理、发掘、重要馆藏文物和出土文物的技术保护等。根据《市政府关于进一步加强文物工作的意见》（徐政发〔2013〕26号）的有关规定，市财政每年从文化发展专项资金中列支300万元，专项用于我市市区范围内的文物保护工作。"加上国家和省级的资金，数量可观。然而真正用到狭义的"徐州两汉文化研究"上的比例极少，就笔者了解的2016～2018年间的四本"徐州两汉文化研究"专著上，徐州市财政资金不足10万。应该制定相应的激励机制，制定标准，对于对徐州两汉文化研究做出贡献的专家应大胆奖励；减少过程投入，增加结果奖励，把钱用到刀刃上。

（五）加强规划意识、进行目标跟踪，增加执行力

有关职能部门要能够提出问题解决问题。《意见》提出的

六项文化强市建设主要目标，距今已经八年了，执行如何？追踪评估一直没有进行。落实《意见》的规划计划也没有具体制定，到目前为止，有关专家还处于随意而为的状态，给有关专家提供的支持微乎其微。职能部门与单位缺乏执行力，文件一发，万事大吉，如何落实？没人过问，也没有被问责。

（六）严格执法，严肃纪律，奖罚分明

毫无疑义，徐州两汉文化研究是科研，一系列科研法规与纪律在维持着科研的良性发展。然而，有法可依，有法必依，执法必严，违法必究在科研上似乎失效了，公产成了私有，资金使用不规范；该公开资料的被保密了，该保密的资料提供给了利益相关人；有能力科研人员不能参与科研项目，有的人资料一辈子也用不了；违法违纪行为不被制止，辛勤工作也得不到奖励，长此以往，降低了科研的运行效率，挫伤了科研人员的积极性，阻碍了徐州两汉文化的发展。

促进中华优秀传统文化的传承发展已经成为国策，做大做强汉文化品牌是徐州文化繁荣兴盛的抓手，做好徐州两汉文化研究是相关部门、单位与徐州汉文化研究专家的责任与义务。相信在不久的将来徐州两汉文化一定会在全国文化版图上展现历史的荣光。

后　记

在中国悠久历史发展中，大汉王朝是从王国发展为帝国的时代，是汉文化形成和发展的重要时代。今天我们中华民族的大家庭的主体是汉族，我们书写的是汉字，交谈的是汉语，都与汉朝有着剪不断、理还乱的关系。一个“汉”字，早已融化在亿万炎黄子孙的血脉里，成为一个民族最为醒目的图腾。可是这一切，都是因为我们的一个徐州老乡——汉高祖刘邦，这个曾经的泗水亭长，率丰沛乡党逐鹿中原，“以布衣提三尺剑取天下”，中国第一个强盛而统一的封建帝国——大汉王朝就是从这里出发，登上了历史舞台，上演出一部光耀四海、流芳百世的活剧，才有了两汉文化四百年的繁荣发达，汉文化的形成与发展与徐州有着千丝万缕的关系。

徐州是全国汉文化遗存最为集中的地区之一，近年来，徐州市委、市政府高度重视汉文化资源的保护传承、开发利用，明确赋予两汉文化在文化建设中的主导地位，以“挖掘汉之源、编创汉之赋、奏响汉之韵”为主抓手，策划实施“舞动汉风”文化建设工程，全面展现徐州汉文化独特魅力，放大汉文化品牌效应，有力地提升了徐州城市文化软实力，徐州已成为名副其实的汉文化之城，“两汉文化看徐州”已成为徐州城市推介的响亮口号。

当前国家正在倡议“一带一路”，徐州是丝绸之路东端重要城市，是国家确定的新欧亚大陆桥经济走廊节点城市，如何传承汉文化为社会发展服务，成为今天必须面对的课题。基于此，中国民协启动“一带一路”民间文化探源工程之徐州“丝绸之路与汉文化”考察调研活动，组织国内部分高校和科研机构的专家学者，用7天时间对江苏省徐州市、沛县、丰县、邳州、睢宁，连云港孔望山摩崖石刻以及安徽省萧县、河南省永城市等地汉文化资源进行考察，撰写考察报告和研究文章，调研成果汇到一起就是这本文集，按照“探源、保护、发展、传承”四个板块编辑成书。书中有些学者的看法可能与传统的考古学者观点并不一致，但是这些文章能够启发人们从不同角度，以更宽广的视野来认知汉文化，因此为尊重他们的劳动，本文集收录了所有调研成果。

徐州经过两汉四百多年的演进、发展和嬗变，积淀形成的精神文化在绵延五千年的中华优秀传统文化中产生了深远影响，为内涵深厚、思韵悠长的中华文化奠定了根基，承载着中华民族刚健有力的精神基因，是我们坚定文化自信、传承优秀历史文化的源头活水。出版这个文集的目的就是唤起人们对辉煌两汉文化的向往，引起社会各界广泛关注，共同探讨、传承、发展汉文化，从而为今天中华民族伟大复兴注入强大的精神动力。

为保证调研成果及时出版，考察活动结束后，中国民协和徐州民协联合成立了编辑委员会，由殷召义、刘照建、马燕、张明等组成编辑出版小组，负责具体统稿，刘照建承担论文整理和初步编辑工作，马燕、张明负责组稿工作。在文集编辑过程中，原徐州汉画像石艺术馆馆长梁勇先生就编排体例也提出了很好的建议。这本调研成果文集的出版从始至终得到中国民协的支持，得到学苑出版社的大力支持。同时，在整个考察活动中，徐州市文联主席王雪春给予热情支持，市文联副主席郭念堂全程参与调研工作，市民协殷召义、马燕、张明为考察组食宿安排、行程对接也付出了辛勤的劳动。当然，没有诸多参与者提交论文，也就没有这本文集的出版，感谢诸位作者的辛勤付出。在此，我们谨向关心、支持本次调研与文集编辑出版的领导、专家学者和同仁们致以诚挚的谢意！

最后需要说明的是，这本调研成果文集虽已编辑完成并即将出版，但由于时间仓促和编者水平有限，其中的疏漏和不足在所难免，我们真诚的希望得到学界同仁的宽宥与批评指正。

编者

2018年6月13日